CHISTES de cantina

Toño Salgado

CHISTES de cantina

OBRA PUBLICADA
INICIALMENTE CON EL TITULO:
¡Salucita compa!

SELECTOR
actualidad editorial

CHISTES DE CANTINA

Mier y Pesado 130, 03100 México, D. F.

Portada: Enrique Bretón

ISBN-13:978-968-403-361-0
ISBN-10:968-403-361-3

Vigésima Tercera reimpresión. Noviembre 2012.

—¡Mesero! ¡Una mosca en mi sopa!

—Ahorita traigo un frasquito para echarla ahí, por si alguien la viene a reclamar...

—¿Cuál es el lago que siempre se busca y nunca se encuentra?

—Sepa la bola, ¿cuál es?

—El "¡On'ta-rio!"

La linda mesera al cliente sucio y greñudo:

—¿Cuántas cucharadas de azúcar le pongo a su café?

—Veinte por favor, pero no le mueva la cuchara, porque no me gusta muy azucarado...

—¿Alguna vez ha cometido errores en su carrera, doctor?

—Me da pena reconocerlo, pero así es...

—¿En qué consistió ese error?

—En que curé a un millonario en sólo una visita...

—Oye 'apá, quiero casarme, ¿qué me recomiendas?

—Que conozcas bien a tu pretensa, no olvides que mujer que no da dinero al hombre que quiere, es de mala suerte...

Señora recomienda al galán de su hija:

—Por favor, regrésemela temprano, cuando menos a las once...

—No se preocupe, le prometo que su hija antes de las nueve de la noche, ya estará en la cama...

Pepito al Diablo:

—¿Cómo está su esposa?

—Niño, debes saber que no soy casado...

—¿Así que esos cuernotes son gratis?

Patrón a sirvienta:

—Oye Cleopetra, te estuve hablando y no me contestaste...

—Es que la otra vez me dijo que si le contestaba me corría...

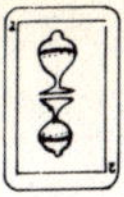

Claudia a Sonia:

—¿Debo casarme con un hombre que me mienta?

—Claro, siempre y cuando no quieras quedarte solterona...

La guapa enfermera dice al tenorio vetarro en un asilo:

—¿Qué no quiere su avenita?

—¡Chí! ¡Tráiganme a Benita! A ver que tal echtá...

—Ese político era tan impopular pero tan impopular, que quería abrir un convento, para meter tantas madres que le echaban al día...

—Pues esa señora era tan gorda pero tan gorda, que el día en que se casó, el avión que la debía llevar a Acapulco se tuvo que ir por carretera...

Raulito a Pepito:

—¿Y por qué estás tan estudioso?

—Porque mi papá me da diez pesos por cada nota buena que le traigo...

—¿Y cómo vas?

—Pues hasta ahorita le debo ochenta pesos...

Una amiga a otra, ambas entradas en años:

—¿Así que hace treinta años viviste por Mixcoac? Yo en ese tiempo iba al kindergarden...

—Ah, ¿sí? no sabía que eras educadora desde entonces...

El agente del Ministerio Público dice al ratero:

—Lo que no me explico es cómo te robaste sólo unos relojes viejos, estando en el cajón una verdadera fortuna...

—¿Usted también licenciado? Ya mi mamá me puso barrido y regado por eso...

El comandante al detenido:

—Se le acusa de ser un inocuo atrabiliario y psicomaniaco uxoricida, ¿qué tiene que decir a eso?

—Pues yo le responderé, si antes me facilita un diccionario...

El gerente al pobre aseador que distraídamente echó detergente al café en polvo:

—Pero, ¿cómo puedes cometer tantas brutalidades al día?

—Levantándome temprano, patroncito...

En un hipódromo, un caballo de los que van a competir dice al taquillero:

—Diez mil pesos a mí, como ganador...

—¿Qué es ésto? —dice el aludido sorprendido.

—¿Qué! ¿Se sorprende porque hablo?

— ¡No hombre! Me admira que creas que puedes ganar...

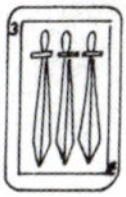

El papá dice a Pepito:

Yo jamás me metí con ninguna mujer antes de conocer a tu madre, ¿podrías decir lo mismo a tus futuros hijos?

—Sí podría papá, pero no sé si pudiera contener la risa...

T.A. Justo dice a L. Gantes:

—Fíjate que Pedro, Pablo, Chucho, Jacinto y René, fueron al Africa, y los caníbales se tragaron a todos, menos a René...

—Sí, a ese jijo nadie se lo traga...

Dos tipos charlan:

—¿Ves estos gemelos? Son tan buenos que me costaron doscientos dólares...

—¿Y cómo me demuestras que son buenos?

—Juzga tú. Ayer vi para tu casa y como a las seis de la tarde, te estabas besando con tu esposa... Los vi por la ventana...

—¿Ya ves cómo no son buenos? Si lo fueran, te hubieras dado cuenta que no era yo...

El doctor al paciente:

—Mi sistema es de convalecencia inmediata; usted se levantará al primer día de la operación, al segundo podrá salir a la calle y al tercero podrá jugar futbol, ¡nada de contemplaciones!

—Oiga doctor, ¿y el día de la operación podré permanecer acostado?

Un borrachito sale de la cantina "Mi oficina" pero bien servido. Choca con un poste a los primeros pasos; camina otro poco y choca con un árbol; otra intentona y choca con otro arbotante, hasta que dice:

—¡Caray! ¡hip! Crrreo que mejorrr me espero, ¡hic! hasta que pase el desfile...

En un festejo, un caballero inglés, casado con una mujer feísima, al ver al bromista de George Bernard Shaw, le dijo:

—Maestro, quisiera presentarle a mi esposa.

El gran literato irlandés le dijo al oído:

—Prometo guardarle el secreto...

Regiomontanito a su codo papá:

—Oiga 'apá, soñé que le pedía cien pesos y nomás me daba veinte.

—Pos 'ora sueñe que le di los ochenta restantes...

Una hermosa chica llega con la ropa rota y el pelo desarreglado ante su mamá, a la que le dice:

—Mamá, unos gandallas abusaron de mí...

—¿Contra tu voluntad?

—No, contra el zaguán...

En una pachanga un tipo dice a otro para hacer plática:

—¿Quién será esa vieja tan horrible?

—Es mi mujer, señor...

—Oh, perdone mi error...

—No se preocupe, el equivocado fui yo...

El defensor de oficio dice al detenido:

—¿De qué se le acusa?

—De robar dos vacas, dos burros y un borrego...

—¿Y tiene dinero?

—No, nada más dos vacas, dos burros y un borrego...

Madre e hija charlan:

—Ay mamá, ya no aguanto a Ricardo y me voy a vivir contigo...

—Ay hija, escogiste mal momento, pues me vengo a vivir contigo, porque ya no aguanto a tu padre...

Marido oprimido a un cuate en la oficina:

—Mi vieja cada día me quiere menos...

— ¿Y cómo lo sabes?

—Porque ahora le molesta el ruido que hago al lavar los trastes...

Un paciente oye con cara de preocupación lo que el galeno dice por teléfono a su esposa:

—No te preocupes, vieja, llegaré temprano; hoy operé a uno del Seguro Social y ya ves cómo son de aguantadores; con decirte que ni siquiera molestaré al anestesista...

Un padre primerizo, acompañado de un amigo, ve en la maternidad cómo una enfermera cambia pañales a su crío y, al verlo empinadito, comenta el amigo:

—Mira, igualito a tu esposa: ambos tienen un lunar en la pompi izquierda...

El general al soldado:

—Si no chuparas tanto, ya serías cabo...

—Pero cuando chupo, ¡hic! me siento cuando menos corrrronel...

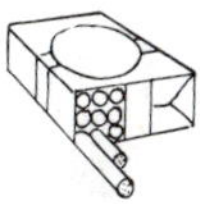

La mujer despierta y dice al encamorrado marido:

—Viejo, viejo... Soñé que entraban los rateros a la casa...

—Ay vieja, pues ahora sueña que llega la patrulla...

Un panzón está come y come, y mientras lo hace dice, al tiempo que llega un amigo:

—Esta crisis ya me tiene harto...

—Caray, Pepe, pero si te estás dando un atracón, ¿cuál crisis?

—La que estoy pasando, antes podía traer a comer a mi esposa y mis hijos...

Uno de Monterrey ofrece cigarro a tres, de cuatro amigos que lo acompañan; los tres rechazan el ofrecimiento, pero uno dice:

—¿Por qué no le invitaste a Betanzos?

—No güerco, porque él sí fuma...

—¿En qué se parecen Atila y el cantautor "delicado" Juan Daniel?

—No sé, ¿en qué?

—En que Atila era de los hunos y Juan Daniel es de "los otros".

El maestro a Pepito:

—¿Cómo murió Jesucristo?

—En la cruz...

—Muy bien Pepito, tienes diez...

—No maestro, nomás póngame ocho, pues no recuerdo si fue en la Cruz Roja o en la Cruz Verde...

El paciente al doctor:

—Oiga doctor, quiero que me achique la nariz todo

lo más que pueda...

—Lo siento pero usted debe ver a un carpintero, créamelo señor Pinocho.

El burócrata a su colega:

—¿Y a dónde te fuiste de vacaciones?

—Mi esposa quería ir a la playa y yo a la montaña...

—Ni hablar, ¿cómo les fue en la playa?

Noticias de ocho columnias:

"Fue hallado, con diez disparos en la espalda, el conocido gángster Alphonse Tiradurini. La policía afirma que se trata de un suicidio".

"Luego de un mes de casados, decidió divorciarse de su anciano esposo (octogenario) don Carcamán Rucáilidez, la guapa señorita Concepción Segura".

"Quiso robar un auto el raterazo Raffles Metemano y fue detenido a tiempo por la policía. De todas formas obtuvo lo que buscaba: un auto, pero de formal prisión".

Varios jugadores de futbol llanero se cotizaron en democrática "coperacha", para obsequiar a su entrenador un regalo por su onomástico. El obsequio fue baratón, pero entusiasta. Para protocolizar el caso, se destinó al "Pelos" para que hiciese el ofrecimiento:

—Aquí tiene don Berna, sabemos que es poca cosa, pero demuestra lo que pensamos de usted...

La chica linda a su sorprendida progenitora:

—Oye mami, los planes del "Pelos" para conmigo, van muy en serio...

—¿Por qué lo dices?

—Porque el próximo domingo, quiere llevarme a la prisión, para que visitemos a su mamá y a sus hermanas...

El regiomontanito a su padre:

—Oiga 'apá, me vine corriendo tras el camión y me ahorré tres pesos...

—Ah qué pelao tan sin embargo, mejor hubieras corrido tras un taxi y te ahorras doscientos pesos de perdida...

El regiomontanito a su papá:

—Oiga 'apá, déme tres pesos...

—Cómo no m'ijo: peso gallo, peso welter y peso pluma...

—Oiga compadre, ¿por qué mi ahijao está corre y corre alrededor de la Universidad...?

—Pos nomás pa' que no digan los demás que m'ijo no tiene "carrera universitaria"...

—¿Sabía doña Agueda que la gimnasia mata muchos microbios?

—Pues sí doña Lupe, pero ¿cómo se le hace pa' convencer a los microbios de que hagan gimnasia?

En la cama de los recién casados se oye tremendo cachetadón y, adolorido, replica el marido a su Dulcinea:

—Oyeme María, está bien que te sepas dar a respetar, pero recuerda que ahora soy tu marido...

El comodino raterazo dice a la asustada cajera del banco:

—Oiga señorita, ya que me trajo el bonche de billetotes, ¿no me haría el favor completo consiguiéndome una bolsita?

Entra silenciosamente a su recámara el empleado y, al hallar a su esposa en los brazos de otro, quiere reprender a la infiel, cuando ella le dice indignadísima:

—Eres un mentiroso: me dijiste que tendrías una junta con tu jefe, y él está aquí conmigo...

El maestro al tremendo de Pepito:

—Si yo digo: "Yo me baño, tú te bañas, él se baña... ¿de qué tiempo estoy hablando?

—De un tiempo muy caluroso, maestro...

El botánico dice al policía de la esquina:

—Oiga oficial, ¿no sabe usted si aquellas plantas son de la familia de las fanerógamas?

—No siñor, son del monecipio...

Un agente de seguros llega a una oficina denominada "Pérez, Pérez, Pérez y Pérez, S.A. de C.V.", y pregunta a un señor que ve en un escritorio:

—¿Está el señor Pérez?

—Salió de viaje...

—¿Y el señor Pérez?

—Está en acuerdo...

—¿Y el señor Pérez?
—Lo acaba de liquidar la empresa...
—Perfecto, ¿y el señor Pérez?
—Con él habla, ¿en qué le puedo servir?

El galancete habla con rico señorón, quien le dice:
—¿Cómo sé que no te quieres casar con mi hija por mi dinero?
—Es un riesgo que ambos debemos correr, ¿cómo sé que lo de su fortuna no es un cuento?

—Ese fulano es un ordinario. Me dijo "buey"...
—Eso sí que es grave, ¿y tú qué harás?
—No lo sé, por lo pronto, estoy "rumiando" mi desquite...

En la oficina de patentes:
—Señorita, vengo a patentar estos lentes que ven a través de la ropa, y a usted le quiero pedir una cita para esta tarde...

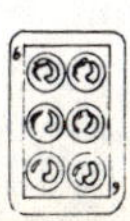

—Oye mano, ¿qué te gusta de una chava?
—Depende de si va o si viene...

Señor potentado dice a jovenzuelo tímido:

— ¡Qué! ¿usted se quiere casar con mi hija? ¡Cómo no! Con todo gusto...

—No señor, lo que yo quería era pedirle mil pesos prestados...

—¿Qué? Pero mire nomás qué inconsecuencia, ¿cómo le voy a prestar mil pesos a un tipo que ni siquiera conozco?

Una guapa chica invita a su departamento a un tipo tímido; ya dentro le dice:

—Siéntate, ahorita vengo: voy a ponerme cómoda, a enfriar una botella de champagne, a darme un bañito, a perfumarme, a preparar la recámara, a...

—Mira, como tienes realmente mucho que hacer, mejor vuelvo otro día en que estés más desocupada...

—¿Y de qué vives?

—De las letras...

—¿Eres escritor?

—No, cobrador...

—Oiga doctor, antier me dijo que mi esposa estaba

enferma del hígado y ahora me sale con que es del corazón...

—Así es; ya ve cómo son de volubles las mujeres...

—Caray señorita, no estoy tan viejo como parezco...

—Claro, porque si usted estuviera tan viejo como parece, ya estaría empujando margaritas con la panza...

Un obrero de Veracruz dice a otro de Monterrey:

—Tanto tu patrón como el mío son tan movideros, que ambos serían capaces de vender a sus respectivas madres...

—Cierto, güerco, nomás que el mío sí la entregaría...

—Qué tino tuvo el doctor; le dijo a tu hermano el día y la hora en que iba a morir...

—Sí, nada más que no fue el doctor, sino el juez.

El aporreado peleador, todo apaleado, le dice a su entrenador:

—Ora sí le fallé, mi mánager...

—Tú no te preocupes, al fin que le aposté al otro...

Marchanta a carnicero:

—¿Tiene patas de cochino?

—Así es.

—¿Y por qué no trabaja en un circo?

Merolico a mirones:

—Para que su hijo se vea gordo y chapeado, grande y fortachón, cómpreme este producto único traído de Alemania... Sólo tiene que desembolsar cincuenta pesos...

—¿Algún tónico poderoso?

—No señor, vidrios de aumento...

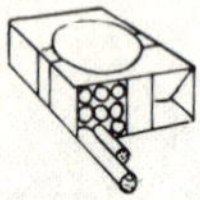

Otro merolico a otros mirones:

—Que no se le doble, que no se le arrugue, que no se le enchueque...

—Déme el elíxir —dice un viejito.

—No, son micas para credencial...

—¿Qué les dijo Santa Claus a los Santos Reyes?

—¿Qué les dijo?

—¡Montoneros!

Un viejo doctor dice a su hijo, también médico:

—Ahí te encargo el consultorio, me lo atiendes bien...

Cuando regresa le pregunta:

—¿Qué tal te fue?

—Bien. Llegó la señora Pura Laniza y le curé sus agruras...

—¿La curaste? ¡Imbécil! Ella fue la que costeó tu carrera...

Un briagadales a otro chupamaro:

—¡Oye compadrrreeeee! ¡hip! ¿Has visto un detectorrr de mentiras?

—Lo he visto, ¡hic! y algo peor...

—¿Qué compadre?

—Me casé con uno, ¡hip!

Un sufrido automovilista se pasa un alto y acuerda con el "cumplido" policía quedar a mano mediante una módica cortina, sólo que:

—Con la mitad de este billetuco quedamos a mano, pero ¿cómo le hago si no tiene cambio?

—Pásese otro alto y asunto arreglado...

En uno de estos años de tremenda crisis y galopantes devaluaciones, un tipo dice a otro en un callejón obscuro:

—¡Manos arriba! Y déme todo lo que traiga de valor...

—¡Pero hombre! ¿Pues qué no ve la situación?

—Claro que la veo, ¿por qué cree que lo estoy apuntando con un pepino?

La marchanta dice indignada al carnicero:

—Oiga usted, en el buche que le compré me encontré pedazos de cámara de carro...

—¿Ya lo ve usted? Con esto queda demostrado, que el auto acabará por desplazar al caballo...

El papá ve que la chica llega bastante tarde a su casa y le dice:

—Dile al zonzo de tu novio que no debe traerte tan tarde...

—Ay papá, es que me contó todo lo que había en su corazón...

—Pues para que te suelte más pronto, dile que te cuente lo que hay en su cabeza...

—¿Qué me cuentas de don Pancho? ¿Sigue con su carrera política?

—Cierto, y es tan corrupto, pero tan corrupto, que

aspira a tener su Colina, su Partenón y su perrera...

—Me dicen que eres muy indeciso, ¿es cierto?

—Pues sí y no, lo más seguro es que quién sabe, aunque tal vez... mas sin embargo...

—Fíjate que aún no hallo al hombre de mi vida...

—Pues dile a tu marido que te ayude a buscarlo...

Dos amigas formadas en una larguísima cola en un banco, de esos que dan servicio en las tardes:

—Oye, luego de una hora de estar aquí formadas, ¿crees que haya avanzado algo la cola?

—No, a mí también me lo pareció, pero fue ilusión óptica...

—¿Cuál es el colmo de un zapatero?

—Tener una Mujer-Suela...

—¿Así que todos en tu familia son enanos?

—¿Por qué dices eso?

—Recuerda que tú mismo lo dijiste: "En mi casa somos chaparros a la antigua"...

—Ayer se soltó una balacera en la calle y una bala le dio en el corazón a un cieguito, y ¿sabes qué? No se murió...

—¿Cómo fue eso?

—¿No conoces el dicho: "Ojos que no ven, corazón que no siente"?

—¿Cuál es la ciudad con más televisiones?

—Antenas, Grecia...

—Era tan insignificante pero tan insignificante, que cuando le hablaban de usted, creía que se dirigían a otra persona...

—Y otro cuate era tan payaso pero tan payaso, que hasta cuando lloraba hacía reír...

—Un señor era tan viejo pero tan viejo, que cuando se casó, en vez de hijos tuvo nietos...

—Pues otro cuate era tan viejo pero tan viejo, que nació cuando la calle de Madero era de dos sentidos...

Un cuate a otro:

—Acabo de comprar una ganga: un cuadro de Van Gogh en sólo cuatro mil pesos...

—¿Es original?

—¡Claro! Fue el único que hizo con plumín Werever...

—¿Cuál es el santo más deportista?

—San "Gimnasio de Loyola".

—¿Cuál es el santo más luminoso?

—El Santo Niño de Antorcha...

En una iglesia rústica hecha de madera, hay una ceremonia especial que congrega a casi todo el pueblo; en ésas están cuando se precipita un temblor de pronósticos reservados; como el techo se viene sobre la gente, previene el sacerdote a los feligreses:

—¡Las tablas, las tablas!

—Y dicen los fieles:

—¡Dos por una dos, dos por dos cuatro, dos por tres...

—¿Por qué lo apodan "El Salario Mínimo"?

—Porque no sirve pa' maldita la cosa...

—Necesito una lana, con un milete me conformaría...

—¿Sabes contar?

—Sí.

—Pues no cuentes conmigo...

La profesora al sangrón de Pepito:

—¿Quién fue Colón? ¿Te dice algo ese nombre?

—Bueno pues, eeeste, me da una vaga idea...

—¿Cuál?

—Que para "colón", el de las tortillas...

Una comadre a otra respecto a una tercera:

—¿Y cómo sabes que doña Naborita es buena actriz?

—Es que hace cada teatro cuando la localiza un acreedor...

Dos sangrones en acción:

—¿Te sabes la canción de "La Milla"?

—Sí, ésa que dice: "Milla bien, lo que hacemos los dos..." Y tú, ¿te sabes la de "Betty"?

—Clarín de órdenes; dice: "Betty de aquí, no sé que ganas con herirme..."

Aquí va una canción con chanfle, la de "Miriam", y dice:

"Miriam como ando mujer, por tu querer..."

A ver Pepito, ¿por qué se les llama a los criollos así?

—¿Sabe maestra? Es que, como no estaban muy seguros de su raza, cuando se les preguntaba decían: "Crio yo que español", "Crio yo que mestizo", "Crio yo que azteca"...

—¿Así que eres incorruptible e imperturbable?

—Ciertamente... Por ejemplo, yo jamás haría el triste papel de "alcanfor", al menos claro, que mediara una módica cortina...

—¿Por qué motivo los perros corretean y ladran a

los carros?

—Porque saben que en la cajuela llevan un "gato"...

—¿Por qué motivo duró tan poquito la Luna de Miel de Pedro y Lupe?

—Porque la tenían ya muy practicada...

—Fíjate que mi mamá se resbaló y cayó de asentaderas...

—Te digo que no me hagas reír cuando tengo la presión alta...

Una señora llega a una zapatería:

—Perdone señorita, ¿tiene zapatos de cocodrilo?

—¿De qué número calza su cocodrilo?

—Oye Maclovio... Te vendo un burro...

—Ah qué Pancracio tan atarantado, ¿y pá' qué quiero un burro vendado?

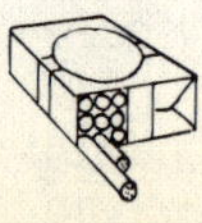

La Micaila dice a Laureano el regiomontano:

—Oye viejo, cómprame unos zapatos...
—¿En cuánto los vendes, vieja?
—No éstos no, éstos me hacen falta...
—Ay'tá, si te hacen falta ¿pa' qué los vendes? Ah qué vieja tan ideática...

Cliente alterado a mesero:
—¡Mesero! ¡Una mosca en mi sopa...!
—Cómo no señor, ahorita se la traigo...

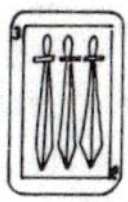

El indito a su mujer:
—Mira vieja, esas estuatas...
—No se dice estuatas, se dice menumentos... Prenuncia bien porque nos cretican...

Cliente molesto a mesero sangrías:
—¡Mesero! ¡Una mosca en mi sopa!
—¡Cállese señor! que los demás van a querer una...

—¡Es cierto que tu esposa es la Campeona Mundial de las tiendas de autoservicio?
—Juzga tú, la otra vez que estuvo en cuarentena, tres tiendas se declararon en quiebra...

Un español castizo a un naco choteador:

—¿Y estáis bien donde trabajáis?

—Pues sí don Moiséis, ya lo véis que seis por seis son treinta y seis...

Hace años se contaba lo siguiente:

—¿Qué le dijo Vicente Saldívar a Howard Winston?

—"Levántate, no pidas más perdón..." ¿Y qué le respondió el peleador de Cardiff, Gales, al campeón mexicano?

—"Porque sé que de este golpe, ya no voy a levantarme..."

Dos nacos platican:

—Vamos a jaguaryulear, ¿qué jáis de la güeri náis?

—Ou, very güel con papas y betabel...

Al oírlos, dice un tercero:

—No cabe duda que desde que nos llegó el maíz de Gabacholandia, hasta los burros hablan en inglés...

—¿Por qué esa manzana se dedicó a la cantada?

—Porque tenía el "gusanito" por dentro...

Un cuate a otro sobre un tercero fachoso que baila:

—¿Ya viste a ese rockero del sweterzote? Baila re mal la salsa...

—Sí, es que: "Sweter te dé Dios, que el 'sabor' poco te importa..."

—¿Por qué ese entrenador de fut que anda tan gripiento, en vez de ir a la botica se va a ver a su equipo?

—Porque el doctor le dijo que su salud depende de sus defensas...

—Yo conozco un tipo tan alto pero tan alto, que siempre le dan caro, y es que no puede ver los "precios bajos"...

—Pues yo conozco un cuate tan chaparro pero tan chaparro, que "no le cabe la menor duda"...

—No es lo mismo "Mira esa leontina", que "Mira a ese león en la tina"...

—Como tampoco es lo mismo "Ahí viene ese tragaespadas", que "Oye Espadas, cómo tragas"...

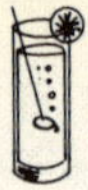

—¡Mesero! ¡Una sopa en mi mosca! digo, ¡una mosca en mi sopa!

—¿Se la va a comer aquí, o se la envuelvo para llevar?

Una chica linda que no ha podido tener familia pregunta al titular de un seminario:

—Oiga padre, ¿es cierto que se puede una embarazar con un "Ave María"?

—No hija, con un padre nuestro...

—¿Cuál es el animal que pone los huevos más grandes?

—El avestruz...

—No, es la avispa... ¿ya te ha picado una?

Un rancherito llega a una cantina y al lado ve la palabra "billar", y dice al cantinero, llevativo como pesado:

—Me sirve un "billar" por favor...

Para bromearlo le da agua enjabonada, y al tomarla, dice el agropecuario:

—Caray patroncito, si yo no fuera experto en tomar "billar", juraría que me dio agua enjabonada...

—¿Cuál será la mujer menos peligrosa? ¿La de pelo negro, la de pelo rubio o la de pelo castaño?

—La de pelo blanco...

—¡Mesero! ¡Una mosca en mi sopa!

—¿Quiere acompañarla con un poco de ensalada, señor?

—Era tan alto pero tan alto, que no cumplía años, cumplía metros...

—Pues este otro era tan flaco pero tan flaco, que tenía dos metros de intestino sin estrenar...

—¿Cuál es el colmo de un pintor?

—Tener un hijo que se llame "Marcos"... Sin embargo, hay otro colmo para un pintor, ¿cuál es?

—Estar muy adelantado en el arte, pero muy retrasado en sus rentas...

—¡Mesero! Una mosca en mi sopa...

—Ay pero qué le hace la pobre, ¿qué no la ve que hasta está nadando de a muertito?

¿A poco no?

"Si las chicas no aprovechan lo que les dio la madre naturaleza, se los quitará el padre tiempo..."

—¡Mesero! ¡Una mosca en mi sopa!

—¡Señor! Este sitio es elegantísimo... Eso no es una mosca, es un escarabajo con levita de seda azul...

—¿Es cierto que Fernando Valenzuela era muy callado al principio de su carrera?

—Tanto, que le decían "El Retrato Perfecto", porque ya nomás "le faltaba hablar"...

—¿Por qué a ese cubano de color le dicen "El Crimen Perfecto"?

—Porque nadie puede "aclararlo"...

—¿Así que usted es una señorita casadera?

—Sí, señor policía...

—¿Y qué hace usted precisamente en el P.R.I.?

—Mi mamá me mandó. Me dijo que tenía que "encontrar un buen partido", y aquí estoy...

Desmiéntanme acaso:
"El que mucho arriesga, gana mientras no pierda"...

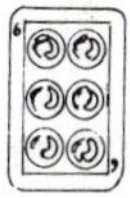

La señora lleva su hijo gordo gordo ante el médico, al que le pregunta:

—¿Qué padece mi hijito?

—Pues... padece un madanito...

El niño dice a su mamá:

—Oye mami, ¿qué todos los niños tenemos dos papás y dos mamás?

—No m'ijito, nomás tú porque eres bizco...

—¡Mesero! ¡Una mosca en mi sopa!

—Ahorita le traigo una araña señor.

Dos hablan respecto a un politiquillo:

—¿Por qué dices que Pérez tiene complejo de caballo?

—Porque a cada rato sale con: "Mi carrera para acá, mi carrera para allá, mi carrera esto, mi carrera lo otro."

Dos amigos charlan amenamente:

—¿Qué es un bikini?

—Un traje de baño femenino de dos piezas, rodeado de ojos...

—¿Por qué se caracteriza?

—Medidas grandes en prenda chica.

—¿Y por qué dices que es como un tirano?

—Porque nadie sabe cómo se sostiene y todo mundo quiere que caiga...

Cierta vez, la entonces hermosa y bien formada actriz hollywoodense Virginia Mayo, tejía afanosamente cierta prenda mientras esperaba su vuelo; al localizarla un grupo de reporteros, uno le preguntó:

—¿Qué teje?

—Algo para los caballeros...

—¿Y qué cosa es?

—Un bikini para mí...

Padre enojado al novio de su hija:

—Sépase jovencito que aquí se apagan las luces a las once de la noche...

—Por mí hágalo, al fin que su hija y yo no vamos a leer...

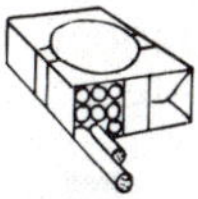

—¿Por qué a tu papá le dicen "El Pescado"?

—Porque siempre anda escamado y apestoso; ¿y por qué a tu tío le dicen "El Barco"?

—Porque siempre está en el agua...

—Una señora era tan alta pero tan alta, que le decían "La Enredadera".

—¿Y eso por qué?

—Porque crecía nomás "a lo tarugo"...

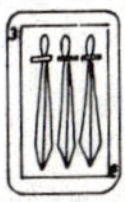

—A ver Pepito, ¿cuándo murió Kennedy?

—¿Ya murió maestra? No sabía ni que estuviera enfermo...

Dos beldades charlan respecto a una tercera:

—Oye Claudia, ¿ya sabías que el mes que entra se casa Sonia?

—¿Qué? No sabía que estuviera embarazada...

—Si un corredor se enamora de una corredora, ¿cómo se llamaría ese romance?

—"Amor a primera pista".

—Para ti, Pepito, ¿qué es la nada?

—Una mesa sin patas y sin tabla...

—Y para ti, Wenceslao, ¿qué es una llanta?

—Un agujero rodeado de hule...

La chica recrimina a su galán:

—Infeliz, te aprovechaste de mí y no has cumplido lo prometido.

—¿Qué? ¿Cuándo hablé de casarnos?

—Pero, es que dijiste que me llevarías al altar...

—Y qué, ¿te olvidas que fuimos a bautizar al hijo del vecino?

—¿Cómo dices que te gustaría la moda en los vestidos femeninos?

—Pues mira, me gustaría así: el escote hasta la cintura, zancón hasta la cintura y nada en la cintura...

—¿Así que esa chava te dijo que no le tentaras la paciencia?

—Sí, es que no le gusta llamar a las cosas por su nombre...

—¿Cuántas clases de hombre van al cine?

—Dos, los que llevan a su chica y los que van a ver la película.

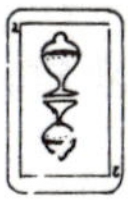

Un limosnero toca a la casa de un regiomontano, al que le dice:

—Patroncito, desde que llegué a Monterrey no he comido...

—Ah qué pelao, ¿le gusta el bacalao y los romeritos?

—Sí patrón...

—Pos véngase pa' la Semana Santa...

Un comandante de policía dice a un aspirante a gendarme, ambos son regiomontanos:

—A ver güerco, ¿cómo dispersaría una manifestación?

—Pasaría mi cochinito solicitando una "coperacha"...

—Oye Robustiano, ¿y por qué dices esa puntadota de que los narcotraficantes son más patriotas que los políticos?

—Porque los narcotraficantes sacan la droga y meten los dólares, y los políticos sacan los dólares y nos meten una drogota que quién sabe cuándo pagaremos...

Tocante al temblor del 85 dice un guasón a otro:

—Mentira que haya crisis hotelera...

—¿Por qué dices eso?

—Pues nomás habla al Hotel Regis y verás que no hay ni un cuarto...

—¿Por qué no hay perros en la Luna?

—Porque no hay árboles...

El galán ve a su Dulcinea en fragoroso abrazo con otro gallo, y lleno de indignación le dice:

—¡Mira Claudia! La próxima vez que te vea con tu

marido, ¡hemos terminado!

Suena el teléfono del cuarto de hotel y la guapa chica que contesta, dice:

—¿Le habla al señor Pinzón? Déjeme preguntarle cómo se llama...

Un judío visita a otro en su lujosa oficina y al ver a una vieja mal vestida trapeando el piso, le dice:

—Oye Moisés, esa señora afea tu oficina...

—Sí Abraham, y la pondría en la calle vergonzosamente, si no fuera mi madre...

Otro judío, Samuel, dice a su paisano Isaac:

— ¡Qué bonito reloj! No te lo había visto...

—Así es:... Me lo vendió mi padre en su lecho de muerte...

San Pedro recibe el alma de un recién llegado, quien en vida había sido poderoso banquero:

—Caray... En el libro no veo que hayas tenido ninguna buena acción...

—Es que todas las buenas acciones las vendía inmediatamente...

Un taxista parlanchín, por tener de qué hablar dice a un yucateco que tomará un vuelo hacia Mérida:

—¿Cuál es el hijo de mi madre que no es mi hermano?

—No sé, ¿cuál?

—Pues yo, ¡ja, ja, ja!

Al llegar a su destino, el yuca hace la misma pregunta a un paisano suyo, quien contesta:

—Pues no, no sé quién es el hijo de mi madre que no es mi hermano, ¿Quién es?

—Un taxista del Distrito Federal...

Exageración:

"Era tan flojo pero tan flojo, tan haragán pero tan haragán, que sólo se casó con su novia, hasta que se la embarazaron..."

La celosa mujer sorprende a su marido leyendo una carta escrita con letra de mujer. Según va leyendo, él comienza a sudar, a lo que dice la esposa indignadísima:

—Así te quería agarrar ¡viejo bígamo! Te pusiste pálido leyendo eso, ¿qué es?

—La cuenta de tu modista...

Dos inditos charlan:

—Oye Tanacio, si mi hace que la Jacinta y mi compadre Chon no pueden tiner familia, porque él es imponente y ella refrigeria...

—No Juvencio, lo más siguro es que no han de hacer vida marítima o istán tomando anticorrosivos...

La guapa secretaria que va a dar un cheque al indito dice:

—Firme usted aquí por favor, a un lado de su aval...

—Pos la mera verdá patroncita, no se escrebir, pero le voy a poner mi "yegua genital"...

La patrona a su sirvienta:

—Te advierto Petra que no soy nada exigente...

—Sí patrona, clarito me di cuenta al ver a su marido...

—¿Es cierto que los toros de lidia y los mosquitos mueren igual?

—Sí, ambos mueren "entre aplausos"...

—¿Cuáles son los únicos animales que se pueden

comer, antes de nacer y después de muertos?

—Los pollos...

La marchanta dice al carnicero del mercado:

—Oiga usté, ¿no le remuerde la conciencia venderme tan caro un pollo que tiene una pata más chica que la otra?

—Vamos a ver marchantita, ¿quiere usted el pollo para comérselo o para bailar con él?

Una chica ve que en pleno huateque un señor no baila y le dice:

—¿Por qué no baila?

—Porque no tengo pareja...

—Si quiere yo bailo con usted...

—No, que no tengo "pareja" la pata izquierda...

Un tipo va a ver al psiquiatra y le dice que está enamorado de su montura. El médico le pregunta:

—¿Esa montura es macho o hembra?

—Hembra doctor, soy gente normal, ¿o acaso cree que soy "mariposón".

Al ver llegar al psiquiatra vestido de vaquero, le dice la enfermera:

—¿Le mando primero al enfermo que se siente caballo, doctor?

El doctor dice a la guapa mujer que durante cuarenta días no podrá tener relaciones sexuales con su marido, y agrega:

—¿Cree que podrá lograrlo, señora?

—Claro que sí, doctor, yo tengo mis propios amigos...

—¿Y qué fue de tu tío que estuvo en el frente de batalla?

—Pues nada mano, que hizo un agujero tan profundo con la pala, que sus superiores lo tuvieron que declarar "desertor".

—Fíjate que las mujeres de pechos pequeños son muy inteligentes...

—Será el sereno mano, pero yo prefiero a las mujeres tarugas tarugas...

Cuando la infiel y su amante están en sus "asuntos", llega el marido de viaje y les dice:

—Ustedes por mí no se preocupen, yo sólo voy al ropero a sacar mi revolver treinta y ocho super especial...

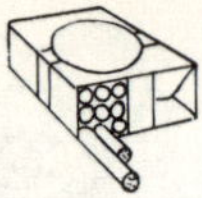

Paciente a psiquiatra:

—Doctor, estoy perdiendo completamente la memoria; no logro recordar ni las cosas que pasaron hace unos minutos...

—¿Y tiene mucho con ese problema?

—¿Problema? ¿De qué me está usted hablando?

Un tío rico llama a su único heredero y le dice:

—Gastón, antes de que muera quiero decirte que deseo que riegues mi tumba con una botella de Cognac reserva 1890...

—Con gusto lo haré tío, sólo que, ¿te molestaría que ese cognac pasara antes por mis riñones?

El japonés Kampu Sano dice a su cuate Tinoko:

—¿Cómo es un discurso bikini?

—Demasiado breve, pero sin dejar de cubrir los puntos esenciales...

Un alemán dice a un mexicano:

—Con sólo unas láminas y un martillo, yo puedo hacer un barco.

Y contesta el mexicano:

—Préstame a tu hermana y yo te hago la tripulación...

Como un paciente acatarraba tanto a su psiquiatra de que un caballo le pateaba las pompis, este simuló una operación y consiguió un equino blanco, para fingir que el caballo sería llevado lejos del paciente y así curarlo. Luego de la "intervención quirúrgica", el enfermo al ver el potro blanco dijo al médico y sus ayudantes:

—Pero cómo son tontos, éste no es el caballo que me molesta, el que me patea es negro.

Un tipo que sale a trabajar pregunta la hora en la parada del autobús a un señor que también espera, quien le dice:

—Son las ocho y media...

—¿Y hasta ahorita me lo dice? Yo tengo que estar en mi trabajo a las ocho de la mañana...

Una señora dice al psiquiatra que su esposo habla dormido y que no lo entiende, porque parece que habla en otro idioma, que si le puede recetar algo, a lo que dice el facultativo:

—No, no puedo recetarle nada, sin embargo, puedo recomendarle un traductor de confianza...

Una chica muy abusada y demasiado liberal, dice a su esposo:

—Fíjate que acabo de ver al ginecólogo y me reveló que eres maravilloso...

—¿Cómo está eso?

—Sí, apenas tenemos diez días de casados, y ya tengo un embarazo de dos meses...

La madre regaña a la hija, recién casada por cierto:

—Oye Isabel, ¿cómo es que siendo tan borracho tu marido te casaste con él?

—Ay mamá, yo no sabía que chupaba como cosaco, hasta que se le ocurrió llegar sobrio a casa...

—Fíjate que mi primo era tan tarugo, que como roncaba tan fuerte...

—¿Qué?

—Se iba a dormir al otro cuarto...

La refunfuñona maestra a Pepito:

—¿Por qué no viniste ayer a clases?

—Porque se murió mi papá, profesora...

—Está bien, pero que no vuelva a ocurrir...

Dos violadores atacan a una linda chica, la que les dice:

—¿No les molestaría que pegara un gritito, tan sólo para acallar a mi conciencia?

Un señor llega a la casa de su compadre y ve a su ahijado solo, al que le dice:

—¿Donde está mi compadre?

—En chirona, o sea en el frescobote, donde está calentando cemento... Lo enjaularon por el robo de cincuenta millones...

—¿Y de qué has estado viviendo estos días?

—De los intereses de esos cincuenta millones...

Una esposa dice al médico:

—Mi esposo tuvo una mala noche y creo que esta noche sí se nos va, ¿qué le doy?

—Si amanece, déle los buenos días...

Un tren se descompone y, ante la protesta del pasaje, dice el inspector:

—Vamos a arreglar esto: los de primera clase que se vayan sentados, los de segunda que se salgan y que se queden de pie, y los de tercera, que se bajen a empujar...

La hermosísima y escultural chica le dice a su hermano Pepito:

—¿Y por qué siempre que vas a comprar nieve quieres que yo te acompañe?

—Porque me dan más...

Un pintor dice a otro:

—¿Te acuerdas de mi paisaje marino? Fíjate que me costó cinco años...

—¿Cómo es eso?

—Sí, uno para hacerlo y cuatro para venderlo...

El padre iracundo dice al manirroto de su hijo:

—Ya me tienes cansado con tus despilfarros, ¡para mí ya estás muerto!

—Bueno papá, entonces dame para "mi entierro"...

—¿Sabes que para el año entrante habrá dos tipos de vestidos?

—Sí, como siempre: los que la mujer quiere comprar y los que el marido puede pagar...

Dos que gustan de los tríos charlan:

—¿De dónde es usted?

—Yo de El Reloj, ¿y usted?

—Yo de La Barca...

—¿Me está usted vacilando? Yo soy de El Reloj, Distrito Federal.

—Y yo de La Barca, Jalisco...

Dos comadres charlan:

—Oye, qué mandada es Petra, le cuenta a su vecina por teléfono todo el capítulo de la telenovela de la noche anterior, con todo y detalles...

—Tú también lo haces con tu otra vecina...

—Sí, pero yo al menos omito los comerciales...

—Está re' locote Filigonio, fíjate que pela chícharos con guantes de box, juega ping pong con patines, nada con traje de charro y sobre todo, que pesa cuatrocientos kilos midiendo sólo uno cincuenta...

—Eso es imposible...

—¿Pues no te digo que está re'locote?

Claudia a Sonia:

—¿No que tu novio era una potencia en combustibles?

—Sí, su potencialidad se redujo, a su encendedor de gas...

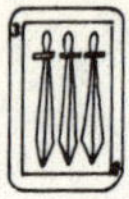

—¿Así que trabajas en la carnicería "Los Topes del Cornudo, S. A. de C.V."?

—Eso era antes, ahora trabajo en la fábrica de colchones "Los Suspiros del Sancho, S. de R.L."

—¿Cómo supo que soy policía?

—Por su figura atlética, su mirada decidida, su ceja arqueada, su cachucha, su macana y su uniforme azul...

Dos choteadores en acción:

—¿Así que sembraste papas y te salieron nabos?

—Sí, pero después sembré camote y coseché rosas, y luego...

—¿Sembraste lechuga y salieron rábanos?

—No, después sembré trigo y...

—¿Salieron garbanzos?

—No, salieron unas cabras y se lo tragaron...

—¿Cómo es que te hiciste rico vendiendo pepitas?

—Primero vendí una bolsita, luego dos, luego una canasta y al cumplir un mes vendiendo pepitas...

—¿Vendiste tu primer costal?

—No , se murió un tío rico y lo heredé...

Recién casada a su esposo:

—Quiero que nuestro primer hijo tenga manos de artista, como mi mamá...

—Lo más seguro es que tenga dos pies izquierdos, como mi papá.

—¿Sabías que hay robots-mujeres tan perfectas, que puedes hacer el amor con ellas?

—Qué bueno, y de seguro que no te saldrán con aquello de: "Me duele la cabeza"...

—No, pero a cambio te dicen: "Ando baja de baterías"...

Un jodidón a otro:

—¿Así que eres doctor en leyes?

—Sí, reparo códigos destartalados...

Pepe dice a Paco:

—¿Por qué los días de muertos, llevas flores a tu tío al circo?

—Para aventárselas al león...

—¿Y eso por qué?

—Porque él fue el que se lo tragó...

—¿De quién será esa casa?

—Beto...

—¿De Beto Pérez?

—Ve tú a saber...

Luego de la brillante defensa de un caso, un reportero dice a un abogado defensor:

—Pero qué elocuente fue usted en su defensa...

—Gracias. Y hubiera sido más elocuente si me hubiera tocado defender a la otra parte...

Aquí les va un telonazo:

Primer Acto: El galán quita los zapatos y el vestido a su novia llamada América.

Segundo Acto: El galanazo le quita el fondo y el refajo.

Tercer Acto: El tenoriazo le quita las medias, las discretitas y la ambulancia (porque levanta a los caídos).

¿Cómo se llama la obra?
EL DESCUBRIMIENTO DE AMERICA.

—¿Vino Pedro?
—No, vino crudo...

—¿Está el padre prior?
—No, ya está muy mejorado...

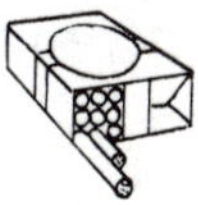

Una mujer a otra:
—¿Cuántos hijos tienes?
—Catorce, ¿y tú?
—Tres nomás, pero yo sí tengo televisión...

—Oye, qué bonito cuadro...
—Sí, es de Picasso...
—¿Tú lo compraste?
—Sí...
—Entonces que no te engañen... Si tú lo compraste, pues es tuyo.

Maestro a Pepito:

—¿Así que porque sumaste mal crees que te insulté?

—Clarito me dijo que tengo cara de haba y que soy un cochino...

—No, te dije que te compres un "ábaco chino"...

—Oiganme par de granujas, ¿así que viajando gratis en el tren?

—¿Sssabe que mi tío está agonizando y me urge verlo...?

—¿Y usted qué tiene que decir?

—¿Yo? Pues, eeeessste, soy el tío moribundo del que él habla...

Un párroco primerizo, en su sermón dice cierto domingo que el señor dio de comer a tres gentes con cinco mil panes.

—¿Donde está el milagro? —dice uno que en todo está, y esto dice el curita, que quiso componer la cosa:

—Pues, eeeeste, el milagro consistió en que no reventaran con tanto pan...

Al siguiente domingo y ya tomando la cuestión como algo de honor, repitió el sermón, diciendo, ahora sí, que con tres panes había dado de comer a cinco mil gentes, y respondió el mismo feligrés metiche:

—Así qué chiste, había sobrado mucho pan de la semana pasada...

—¿Cuáles animales comen con la cola?

—No sé, ¿cuáles?

—Todos, porque ninguno se la quita para comer...

—¿En qué se parece una taza de café a un cine?

—¿En qué?

—En que ambos tienen "asientos".

—¿Cuáles son los carros de Santa Claus?

—¿Cuáles?

—Los "Renós"...

—¿Es cierto que esta calle se llama Gustavo Baz?

—Sí, y para los que pasan por el sentido opuesto, se llama: "Gustavo Vienes"...

—¿Por qué a esa cantina le llaman "El Hospital"?

—Porque allí se dan "las últimas vodkeadas", se sufren "ataques tequilépticos", "inflartos bacardiacos" y SIDAn otros padecimientos...

—¿Por qué a esa taberna le llaman "El Medio Oriente"?

—Porque de ahí el que no sale "hebreo" sale "persa"...

Un reportero preguntó a exitoso cantautor:

—¿Hasta cuando dejarás de ser homosexual?

—Ay pues hasta que me deSIDA...

—¿Supiste que Filarmónico Tamborazo dejó su práctica de trompeta por la colección de estampillas?

—Sí, pero ¿supiste que quienes lo convencieron por el cambio fueron sus vecinos?

Dos damas modernas charlan:

—¿Supiste de la golpiza que le dio su marido a Claudia? La agarró poniéndole los cuernos...

—Ay Sonia, pero también compréndela, ¿si no es a su marido, a quién le va a poner el gorro de vikingo la pobre?

—El colmo del chile es que lo vendan en cajones...
—Sí, pero el colmo de Sancho Palo es que resulte metodista...

Dos amigos charlan:
—¿Cómo es que te levantaste según tú a las tres y llegaste retrasado a la oficina?
—Sí, me levanté a las tres así: "A la una, a las dos y ¡a las tres!"

Juan Blanco Pinto y Desteñido dice a Alejo Espejo Espejel:
—Esa chava es tan realista pero tan realista, que si a las once horas no está en la cama, se va a dormir...
—Pues ese tipo es tan soltero pero tan soltero, que llega a su trabajo desde diversas direcciones...

—Ese político rata es tan religioso pero tan religioso, que sólo roba las alcancías de las iglesias...
—Pues otro tipo tenía tan mala suerte, pero tan mala, que el primer día que fue a una fiesta, ahí encontró a la que sería su esposa...

La maestra al niño:

—¿Qué es sintaxis?

—La Ciudad de México en los días de lluvia...

Luis dice a Pedro:

—¿Por qué dices que la jirafa es herbívoro?

—Porque todo lo que come tiene que "hervirse" primero...

Los mismos charlan:

—¿Por qué a Julia le dicen "La Sopa"?

—Porque está "Aguadita y caliente".

Un gordo a otro panzón:

—Mira, esas vías cruzadas se llaman "sapos", ¿verdad señor ferrocarrilero?

—Así es, y si lo dudan, mírense en un espejo...

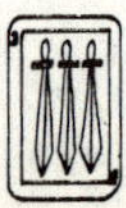

—Ese cuate es tan tragón pero tan tragón, que cuando lo invitan a comer, de una vez se queda a cenar...

—Y aquel regiomontano es tan codo pero tan codo, que no dispara ni en defensa propia...

—¿Qué es un bárbaro?
—Un señor que rasura barbas.

—¿Y qué es un campeón?
—Un señor que vive en el campo.

—¿Qué es una aspiradora?
—Una señora que vende "aspirinas".

—¿Qué es una amiba?
—Lo contrario de una "enemiba".

—¿Qué es un bombero?
—Uno que maneja un bombardero.

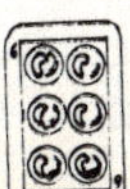

—¿Quién es "El Avión"?
—Ese señor del "labio grande".

—¿Qué es un lío?
—Una "coliente" de agua...

—¿Qué es una caldera?
—Una señora que vende caldos.

—¿Qué es una bodega?
—La mamá de los "bodeguitos".

—¿Qué es un coronel?
—Un señor que vende coronas.

—¿Qué es un bote?
—El marido de la bota.

—¿Qué es un perezoso?
Un oso apellidado Pérez.

Pepito a un vendedor de fruta:
—¿Tiene coco?
—Sí niño...
—Pues, ¡uy, qué miedo!

La esposa riega y barre a su briagadales marido:
—Viejo desobligado, deberías comprarme un vestido...
—¿Qué vieja? ¡hic! ¿a poco ya vendes ropa?

Un inspector de manicomios dice al director de una Casa de Salud:
—¿Por qué no ponen juntos a hombres y mujeres?
—Por la sencilla razón de que están aquí por locos, no por tarados...

El regiomontano en plan de conquista dice a su coterránea:
—Oyes güerca, ¿te gustaría dar un paseo en carro grande, con chofer y toda la cosa?
—Sí Palemón...
—Pos córrele que a'i viene el camión...

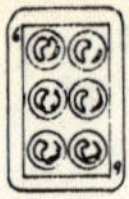

—¿Es cierto que echaron a ese cura por dormirse con sotana?

—Sí, pero además con fulana, mengana y perengana...

Un chilango vacilador a un yucateco:

—¿Cuántos panuchos, salbutes o codzitos, puedes echarte en ayunas?

—Tres, bosh...

—No manis, porque comiendo el primero dejas de estar en ayunas, ija, ja ja!

Al regresar a Yucatán, le dice a su esposa el mismo planteamiento, y ella dice: "Seis", por lo que le contesta el yuca:

—Caray linda hermosa; si me hubieras dicho "tres", te hubiera contado un chiste muy bueno...

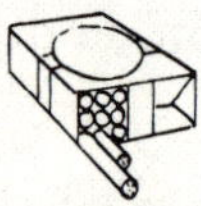

Un jefe de personal ve que hay tres solicitantes para un puesto de cajero, por lo que a los tres les plantea la misma pregunta: "Si alguien olvida diez mil pesos, ¿qué harían?".

—Me quedo con ellos —dijo el primero, y le respondió:

—No, usted no nos sirve por bribón. A ver usted...

—Pues yo se los devuelvo al cliente...

—No nos sirve por inocente... A ver usted, ¿qué haría?

—Pues yo necesito primero que se dé ese caso, y entonces ya vería lo que hacía...

—Usted sí nos sirve, por realista...

Dos amigochos charlan:

—¿Cómo le has hecho para que tu matrimonio haya durado tanto?

—Muy fácil ñeris: por las mañanas ella hace lo que se le pega su regalada gana, y por las tardes yo hago lo que ella manda...

Un amigo le dice a otro:

—¿Serías capaz de guardarme un secreto?

—Sí manis...

—Préstame mil pesillos...

—No te preocupes mano, te guardaré celosamente el secreto, chao.

El maestro dice a la clase que si practican, podrán todos ser ambidextros, o sea, poder valerse de las dos manos; por lo que dice el travieso de Pepito:

—Se me hace que no profe, a ver, trate de meterse la mano derecha en la bolsa izquierda del pantalón...

Pepito a su enojado papá:

—Oye 'apá, ¿es cierto que el hombre desciende del chango?

—Yo no, pero de seguro ¡tú sí!

El peatón atropellado dice al malhumorado galeno:

—Ya no aguanto el dolor, doctor, ¡mejor máteme usted!

— ¡Silencio! No necesito que me digan lo que tengo que hacer...

Niño canibalito a su antropófago padre, al ver un avión:

—Oye papá, ¿y eso también se come?

—Nomás lo de adentro...

Dos cuates platican:

—¿Y no has intentado dejar de fumar? Es rete fácil...

—Deveritas... ¿lo crees así?

—Clarín de órdenes, aquí me tienes de ejemplo: van veinte veces que he dejado de fumar...

Un hombre dice a otro:

—¿Por qué vas tan apresurado rumbo al pueblo?

—Voy a ver si logro rifar a mi suegra...

—¿Y en cuánto la das?

—Ni una palabra más, ¡es tuya!

Cuando se dispone a ir a trabajar, el marido descubre que le falta su cartera, y dice enojadísimo a su esposa:

—Este travieso de Pepito me birló la cartera.

—¿Qué? ¡No digas eso! Pude haber sido yo...

—¿Tú? ¡Imposible! Me dajaron cien pesos para el camión...

Dos cuatachos se encuentran:

—¿De dónde vienes tan malhumorado, Farnesio?

—De la casa de mi yesero: tuve que suplicarle bastante para que me recibiera quinientos pesos...

—¿Cómo está eso?

—Sí, es que él quería cinco mil del águila...

Dos inditos van al concierto, el cuai ya empezó, y al momento de sentarse pregunta Jacinto qué tocan:

—Sólo sé que tocan La Tercera Sinfonía —responde el aludido.

Ante la respuesta, el indito dice a la Zenaida, su mujer:

—¿Ya lo ves, vieja? Nos perdimos las dos primeras...

Rafael Buendía nos dice que cierto acreedor descubre a su deudor y éste se le encara envalentonado:

—¡Por fin! ¿Pues qué quiere usted?

—Mi dinero...

—¡Ah! ¿Su dinero? Menos mal. Yo creí que quería el mío...

Abel Ortiz Chacón, nos dice que un tipo da un puro a otro:

—¿Así que acabas de ser padre? ¿Y cómo se halla tu esposa?

—Bien, pero ojalá no se entere de esto...

Un cuate le comenta a otro:

—Es tan feo pero tan feo, que tiene un capítulo especial en la Teratología (tratado de los monstruos).

—Pues yo no me explico cómo hay libros de medicina que tienen un "apéndice".

El abominable Hombre de las Nueve, el jefe de la oficina, al ver a Jimenitos llegar de puntillas a la oficina, le dice con voz de trueno; al tiempo que le muestra su flamante Omega:

—Mire usted: ¡Nueve cincuenta!

—¿Nueve cincuenta, jefe? ¡Qué barato! ¿Dónde lo compró?

Jaime Guzmán nos cuenta que se hallan dos cuates:

—Vamos a la cantina a echarnos un trago, ¿quieres? ¿Prefieres mezcal o cognac?

—Eso depende mano.

—¿Depende de qué?

—De quién de los dos vaya a pagar...

El Cabo dice a su superior:

—Mi general, el enemigo nos estuvo mandando puro gas y ahora nos envía esto...

—¿Qué es?

—La factura del gas...

Enrique Valencia nos dice que un cuatezón dice a otro:

—¿Y qué es de Melitón?

—Dejó su herencia a El Asilo Sidral...

—¿Y qué le heredó?

—Sus siete hijos...

Manolo Feria nos cuenta que la hermosa Claudia dice a Leonor:

—¿Y crees que se casará contigo el padre del bebé?

—Ya lo creo que sí, especialmente porque ya tengo la promesa de cinco de mis enamorados...

Ray García nos refiere que el cliente dice indignado al mesero:

—Oiga usted, acabo de quebrar un cuchillo tratando de partir esta milanesa, ¿qué me dice a esto?

— ¡Qué barbaridad, señor! El acero de estos tiempos ya no sirve para maldita la cosa...

El enojadísimo cliente reclama al camarero:

—Mesero, en mi café hallé tres balas calibre veintidós...

—Sí señor, como usted me pidió "el café cargado..."

El mesero dice al cliente:

—¿Qué se le ofrece? Tengo pata de mula, patas de puerco, cabeza de carnero, sesos a la romana, riñones al jerez, lengua en caldillo, pancita...

—No le pregunto por sus padecimientos, ¡tráigame huevos con chorizo y una cerveza!

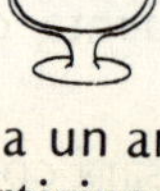

Un cuate intercepta a un amigo, en el momento en que éste va en forma vertiginosa:

— ¡Hola Betanzos! ¡Vamos a echarnos unas cheves!

—No ahorita manis, voy a mi chamba a cobrar mi sueldo...

—No vayas ahorita, ¡ve el lunes!

—No manito, si no cobro ahorita van a creer que soy rico, y no quiero falsas alarmas...

El tremendo Pepito pregunta a su mami:

—¿Ya pasó la hora de entrar a la escuela, mamá?

—Sí mi hijito...

—Entonces ya me siento mucho mejor...

Cliente agitado a tlapalero calmudo:

—Rápido señor, quiero una ratonera por favor; me urge porque quiero agarrar el próximo tren...

—Lo siento señor, pero no tenemos ratoneras tan grandes...

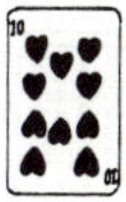

Empleado a patrón refunfuñón:

—Patrón, desde hace cinco años gano lo mismo, ¿podría darme un aumento?

—¿Y para qué quieres el aumento, si desde hoy ya no trabajas aquí?

Uno de Chihuahua charla con un galés:

—Allá en mi tierra, tomas el tren temprano, viajas todo el día entero, viajas parte del otro día y no has salido todavía de mi gran Estado...

—¿Qué? Yo creía que sólo los trenes de Gales eran lentísimos...

Una comadre a otra:

—Fíjate que Pedro, el esposo de María, ya lleva tres meses enfermo de gota...

—¿De gota? ¡Qué modesto! Será de trago...

Entre músicos, un tecladista dice a los demás:

—Mi abuelo acompañó a Pancho Villa...

Y dijo un sangrón:

—¿Al piano?

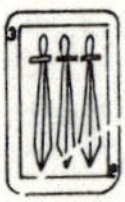

El recién casado ve con desilusión que su esposa tiene los dientes postizos, un ojo de vidrio, una peluca rubia, una pata de palo, y le dice:

—Oye pero, ¿no tienes nada natural?

—Sí, un hijito de cinco años...

Una chica presenta a su novio a otra chica, diciéndole:

—Aquí donde ves, Raúl heredará a su millonario tío...

—¿Y cuántos años tiene?

—¿Yo? Veinticinco...

—No, me refiero a su tío...

Una mujer más fea que pegarle a Dios en Semana Santa va con el cura y le dice:

—Me acuso de pasarme horas enteras contemplando mi belleza, ¿es acaso eso un pecado grave?

Al verla con cierto detenimiento y comprobar su espantosa fealdad, le dice:

—Lo tuyo no es pecado, es simplemente un tremendo error de apreciación.

—A ver Nepomuceno, ¿por qué dice que si te quito las orejas no ves?

—Porque se me baja el sombrero a los ojos...

Un tipo que busca trabajo en un circo, hace una demostración de su sorprendente acto al gerente: camina sobre el alambre tocando un salterio, se echa una maroma para delante y otra para atrás, todo, sin dejar de tocar. Al concluir su acto dice al mero mero del circo:

—¿Qué le pareció mi actuación?

—Muy mala, he oído tocar mejor el salterio...

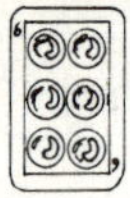

Un inspector de Salubridad visita un manicomio acompañado del director; en su recorrido ven que de un árbol cuelgan tres locos.

—¿Qué pasa ahí?

—Es que ellos creen que son higos.

—Mire, se acaba de caer uno...

—Sí, es que ése ya está "maduro"...

Otro inspector y otro director de "maniquiur" o "la casa de la risa", recorren sitio semejante. De pronto, el visitante ve que del frente de un pabellón cuelga otro "locuaz" y dice a su acompañante:

—Mire ese enfermo ahí colgado...

—Sí, ése se cree foco.

—Pues bájenlo.

—No porque nos quedamos sin alumbrado.

Cuando el usuario llega a su destino, pregunta al taxista cuánto debe; éste le dice que quinientos pesos, por lo que le contesta el aludido:

—¿Quinientos? Qué contrariedad. Echese en reversa unas cinco calles, que nómas tengo trescientos cincuenta.

—Oye gordo, ¿no que estabas a dieta y perdiste cinco kilos? Te veo más panzón que antes...

—No, pues así fue, nomás que el gusto de bajar lo celebré con carnitas, chicharrón y mole...

Dos sangrones en acción:

—¿Cómo se le puede decir a un señor que no puede vender soportes?

—Insoportable.

—¿Y a un señor que no le gusta tomar agua?

—Inaguantable.

—¿Y a una "María" que no tiene su puesto de naranjas al asfalto?

—Indispuesta.

Dos tenorios de barriada ven una linda chica y uno comenta:

—Viendo a esa nena me acuerdo del dicho: "El que quiera azul celeste, que le cueste"... Sí, así se llama la chica, "Celeste"...

—Entonces queda mejor así: "El que quiera con Celeste, que la acueste".

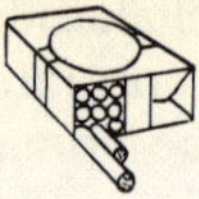

El paciente que va a ser operado dice al galeno que lo va a intervenir:

—Doctor, lo veo nervioso...

—Sí, es que le voy a decir algo que le va a doler...

—¿Qué es?

—Que se nos terminó la anestesia...

El día de la boda, primero con decepción y luego con pánico, el novio ve que la contrayente avienta su peluca, la dentadura postiza, los almohadones de relleno por "Detroit" y los de "arriba-y adelante", la pata de palo, la mano biónica y el ojo de vidrio, ¡todo! sobre el sofá.

Ante eso, el novio dice a su "Dulcinea":

—Bueno vieja, me voy yo también al sofá...

—¿Y eso por qué?

—Porque allá está la mayor parte de ti...

—¿Por qué los judíos son tan narizones?

—Porque llegaron muy temprano al reparto de narices...

La maga dice a un cliente:

—Veo en mi bola de cristal que usted conocerá una hermosa rubia de ojos azules, rica, culta, temperamental, con la que se casará y será muy feliz...

—¿Ah sí? ¿Y qué hago mientras con la vieja prieta, chaparra y refunfuñona, con la que me casé hace cinco años?

Una señora dice al boticario que le dé unas pastillas contra el dolor de cabeza y le indica la marca. Al escuchar esto, responde el farmacéutico:

—Esas son píldoras anticonceptivas.

—Ya lo sé, y se las tomarán mis hijas; pero a mí me evitarán futuros dolores de cabeza...

Un chilango que va a Monterrey ve que las calles están desiertas y telefónicamente se comunica con su compadre Gumaro Garza, al que saluda primero y le pregunta:

—Oiga compadre, ¿por qué estan las calles tan solitarias?

—Calle' boca compadre, es que hoy es la "coleita" de la Cruz Roja...

La gruñona esposa, histérica a más no poder, se planta frente al paciente marido, quien lee su diario matutino muy quitado de la pena, y le dice en plan de pelea:

—Da gracias a Dios que ahorita no hallo nada que reclamarte, pero eso no quiere decir que tenga que quedarme callada ¿me oíste?

Un teporocho dice a otro en una cantina:

—Pos sí carnal, mi jefe me prohibió desde chavo ir al burlesque, dizque por que ahí vería cosas que no debía ver... Pero un día lo desobedecí y fui...

—¿Y qué viste, mi buen?

—Lo vi a él...

Entra un chaparrito, poco más del metro de estatura, al consultorio de un psiquiatra, quien al verlo le dice:

—¿Y cuál es su complejo triste chaparro?

Al quedarse solo con la guapa sirvienta, el mandado patrón le dice:

—Pero qué bien estás Serafina, no te duele nada nada...

—Sí señor, eso dicen sus amigos...

—Tienes todo lo que una hembra debe tener...

—Si señor, eso dicen sus amigos...

—Y de seguro, has de hacer el amor mejor que mi esposa...

—Sí señor, eso dicen sus amigos...

Dos gandallas en acción:

—Fíjate que voy a ser papá. Espero que sea niño...

—Quiérelo como si fuera tuyo...

—Fíjate que voy a ser papá.

—¿Y de quién sospechas?

—Fíjate que voy a ser papá, y quiero que el niño se parezca a mí.

—Pero con que esté sanito, no importa...

Un cubano dice a una guapa chica en un callejón, donde el cubano chacotea con una runfla de vagos:

—Oye mi socia, te amo...

—¿Me ama? pero ni siquiera nos conocemos...

—No, que te "amo a violá entre todo"...

Otro cubano al abordar un autobús capitalino, pregunta:

—Oye chico, ¿a dónde llega esta guagua?

—A Tacuba...

—¿Hasta Cuba? Mejor no subo porque de ahí me escapé...

Al ver un chilango a una hermosa cubana, bastante amplia de caderas, enfundada en un ceñido pantalón vaquero, le pregunta por hacer plática?

—¿Y es Topeka?

—Sí mulatón, "esto peca", pero te cuesta seis de los grandes...

Después de un auscultamiento bastante prolongado, sale la hermosa muchacha del consultorio, arreglándose la ropa y el pelo, y dice el facultativo a la recepcionista y cajera:

—La cuenta de la señora Carolina Ruiz asciende a ocho mil pesos, páguele por favor señorita...

El guasón paciente, con su cerbatana de chochos, le pega a la cabeza del facultativo, quien comenta con otro colega:

—El problema de este enfermo es que no comprende la gravedad de su padecimiento...

Marido y mujer riñen acaloradamente, diciéndose claridades a granel:

—Eres un cínico, ya me enteré que andas con otra vieja...

—Vieja tú, ella tiene veinte años...

—Y supe que le pusiste un cuchitril...

—Cuchitril éste, el de ella es un condominio...

—También supe que duermes con ella...

—Duermo contigo, con ella no pego los ojos en toda la noche...

Una sirvienta comenta con otra:

—Oye Zenaida, qui creés. Me topé el domingo con un siñor y me saludó, ¿pos qué me conocía? Y aluego me abrazó, ¿pos qué era día de mi santo? Lueguito me llevó a la cama ¿pos qué istaba enferma? Y ya dipues me pagó, ¿pos qué me debía?

ESTO DICEN LAS TARJETAS DE LAS BASCULAS

Cuando se sube una gorda:

"No entre a una granja de cerdos pues la pueden confundir".

Al subirse dos:

"Uno de ustedes es derecho y el otro un gorrón".

Al subirse una super flaca:
"Ora, no vacile, ya suba el otro pie".

Al subirse una "marranona":
"Usted a todo mundo le cae gorda".

Al subirse un panzón:
"Ora, no se suban de dos en dos".

Al subirse otro super "ballenón":
"Póngase a dieta pues a todos cae gordo".

El ginecólogo dice a la hermosa paciente:

—¿Sabía usted que el abusar del sexo causa sordera?

—¿Cómo dice usted?

El maestro dice a Pepito:

—¿Así que el doctor te recetó mucho hierro?

—Sí doctor, y lo he tomado tanto tanto, que ahora camino orientado para el norte...

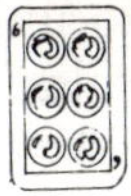

Un reportero dice a un señor:

—¿Cree usted en la eficacia de los avisos de ocasión?

—Claro, como que por anunciar que me urgía un velador en mi negocio, me cayeron los ladrones...

Un vendedor de cepillos toca la puerta y como el señor de la casa está en Europa, sale a abrir en calzoncillos "El Sancho", que dice al recién llegado:

—El señor no está en casa, pero yo puedo atenderle, ¿qué se le ofrece? Soy el mejor amigo del señor...

—El colmo de una chata, es haber nacido en Arizona...

—Pues el colmo de una ballena asesina alias cachalote, es que acabe en la "orca"...

—El colmo de Acapulco es que juegue tenis con la "Roqueta".

El psiquiatra está sentado frente a la guapa paciente, que yace acostada con las piernas cruzadas, y luego de una tormentosa charla, dice al facultativo:

—De todo esto, ¿qué es lo que averiguó sobre mí?

—Pues, francamente, lo único que sé de usted... es que trae las pantaletas azules...

Un reportero a una beldad de la pantalla:

—¿Le causa placer saberse hermosa?

—Al contrario, grandes problemas: si me ven con un hombre, ya lo hicieron mi amante, si me ven con una mujer, ¡malo! si me ven con un perro, ¡peor!

—¿Y si la ven sola?

—Dicen que tengo alguna enfermedad venérea...

—El colmo de un botiquín y de un templo, es que no tengan "curitas".

Un naco dice a otro:

—¿Te echas un taco de cabeza?

—Voy, si no me lo echo de pie, menos de cabeza...

Para ver qué tan adelantado está su alumno Pepito, le pregunta la maestra:

—¿Qué camino tomarías para ir a Zacatecas?

—Iría aquí a tres cuadras.

—Pero ... ¿y eso para qué?

—Para ver a mi tío. Es cartero y él me diría cómo llegar...

—Si te sacas la lotería, ¿qué comprarías Pancracio?

—Ay patroncito, pues una vaca... ¿Y usted?

—Yo una motocicleta... Sin embargo, ya te imagino por la Avenida Insurgentes, montado en una vaca...

—Y ya me lo imagino a usted, ordeñando una motocicleta...

La mamá reprende a Pepito:

—¿Por qué le diste una pedrada a Rubencito? Me hubieras hablado a mí...

—Uy mamá, tú tienes muy mala puntería...

El fotógrafo dice a Pepito, quien posa muy serio:

—Sonríe niño, ahorita saldrá el pajarito...

—¿También saldrá el pajarito? ¿Pues no que nomás me iba a retratar la cara?

Raulito le pega una pedrada a Pepito y éste llorando le dice:

—Vas a ver, te voy a acusar con el maestro...

—Pero tú me apedreaste primero, yo sólo me defendí...

—Sí, pero no te atiné y tú sí...

—Oiga compadre, ¿cómo le haré para que Barrón me pague los veinte mil pesos que le presté? El dice que sólo me debe tres mil...

—Tú haz lo que te voy a decir al pie de la letra. Mira, vas y bsss, bsss, bsss.

Acatando el consejo, el quejoso se apersona en un sitio donde está su deudor y ya que se juntan varios amigos, le dice para que todos oigan:

—¿Cuándo me pagarás mis cincuenta mil pesos?

—¿Cincuenta mil? Si nomás me prestaste veinte mil...

Las dos bellezas charlan:

—¿Así que a tu marido lo hiciste millonario?

—Sí, porque antes de casarse conmigo era archimillonario...

Dos tenorios platican:

—Mi principal pasatiempo son las damas chinas, ¿y el tuyo?

—Yo agarro parejo: damas chinas, suecas, francesas y hasta de Zacazonapan...

Se separa la pareja del fragoroso abrazo que los unía y la dama contesta al teléfono, al terminar el diálogo pregunta el tipo:

—¿Quién era, Claudia?

—Era mi marido... El muy cínico me dijo que estaba jugando a las cartas contigo...

La guapa paciente dice al médico que la atiende:

—Fíjese doctor que me duele la cintura, las caderas, la punta de los senos, las articulaciones y la cabeza...

—A ver señorita, desnúdese por favor...

—¿Qué? ¿Así que no cree en mi palabra?

Pepito dice a su papá:

—Oye'apá, fíjate que el gallo ya pisó a la gallina...

—No te fijes Pepito, de seguro se distrajo y lo hizo sin mala intención...

El doctor dice a su paciente, un sujeto altísimo de más de dos metros:

—Mire señor Juan Garrocha, para que se le quiten

esos constantes dolores de cabeza, le recomiendo que siempre que vaya a pasar por una puerta, se agache...

La encargada de lujosa clínica estética dice a su peinadora:

—Mira, acaba de llegar la señora Billetones, atiéndemela bien, y recuerda que es como la manzana...

—¿Cómo?

—No "es pera".

Concho Pamelo dice al empresario Juancho el del Rancho:

—La otra vez que canté en público, los aplausos se oían del otro lado...

—¿Y quién cantaba del otro lado?

Padre e hijo charlan:

—Pues sí que está dura la cosa...

—Mira hijo, entre un hombre y una mujer puede haber comprensión, amistad, amor, ¡todo! siempre y cuando no estén casados...

Una amiga dice a otra:

—Anoche que llegó tomado mi marido, quería ahorcarme...

—¿De veras? ¡Qué barbaridad!

—Y si no es por Píndaro mi querido, hubiera llevado a cabo sus propósitos...

Un nuevo rico llega a una joyería y el dependiente le dice:

—Señor, le recomiendo este reloj, es el más caro que tenemos y perteneció al Sha de Persia... Es una auténtica reliquia...

—Muy bonito, pero prefiero uno que no esté usado...

Otro nuevo rico llega a un bar muy exclusivo y dice a voz en cuello:

—Señor mesero, para que haga juego con mi carro nuevo, quiero que me traiga la mejor bebida...

¿Un cognac reserva 1897?

—No hombre, una champaña último modelo...

Galán a su Dulcinea:

—¿Sabes lo que me encanta de ti? Tu sonrisa, tu cuerpo, tu carácter, tu forma de vestir, tus ojos, tu boca, tu alegría... Y a ti, ¿qué es lo que te gusta de mí?

—Tu buen gusto...

Dentista a cliente:

—Su muela está muerta... Le pondremos una corona de oro...

—¿Sabe doctor? Prefiero que la enterremos sin ceremonias...

Pepito dice a su amiguita:

—Mira Monina, te voy a dar el consejo que le dio mi mamá a mi hermana: camina con mucho cuidado, ya que al primer tropiezo puedes tener un bebé...

—¿Cuál es el colmo de un bombero?

—Que tenga una mujer muy ardiente...

—Oiga compadre, présteme diez mil pesos...

—Se los prestaré ahora que regrese de España...

—¿Va a viajar a España?

—No.

Sargento a recluta:

—¿Por dónde empieza usted a limpiar su fusil?

—Por ver el número...

—¿Y eso para qué?

—Para no limpiar el rifle de otro.

—Es tan bruto pero tan bruto, que como sabe que hay un lugar llamado Extremadura, cree que hay otros llamado "Extremarregular" y "Extremablanda"...

—Pues conozco otro tipo tan bruto pero tan bruto, que como sabe que hubo un sabio griego llamado Solón, jura y perjura que hay otro llamado "Acompañadón".

Encargado de la joyería a caballero indeciso:

—¿Busca una buena joya, o acaso es para su esposa?

Gandalla habla telefónicamente con su papá:

—Oiga jefe, ya entré a la policía...

—Así me gusta, que dejes la vagancia. Te felicito...

—Gracias'apá, pero ellos piden cinco mil pesos para dejarme salir...

Pepito pregunta a su papá:

—Oye 'apá, ¿alguien puede ser castigado por no haber hecho nada?

—Claro que no Pepito, ¿por qué?

—Es que el maestro me castigó por no hacer la tarea...

—Era una mujer tan vieja pero tan vieja, que se decía una mujer de principios...

—Sí, pero de principios de siglo...

El señor a su neurótica esposa:

—¿Te gustó la película?

—Sí, pero lo mejor estuvo cuando el tipo de junto dejó de hacer ruido con sus muéganos...

—¿Cuál es el colmo de un pato?

—Que tenga muy mala pata...

Maestro a Pepito:

—Eres una calamidad, ayer eras el penúltimo de la clase y hoy eres el último...

—Pero ¿yo qué culpa tengo de que no haya venido Juanín?

Diálogo entre machotes:

—¿Por qué tienes las manos tan callosas?

—Es que en mi pueblo juego dominó con ladrillos.

Siguen los machotes:

—¿Así que en tu pueblo todos son muy bragados?

—Sí, con decirte que ahí nos peleamos a pedradas, nos rasuramos a machetazos y nos tatuamos con engrapadora...

Una amiga a otra:

—¿Por qué estás tan emocionada?

—Quiero saber qué regalo me traerá Alfonso...

—¿Hoy es tu cumpleaños?

—No, pero lo caché con otra chava...

Papá a la chica casadera:

—Oye hija, ¿y ese muchacho es rico?

—Eso mismo me preguntó él de ti.

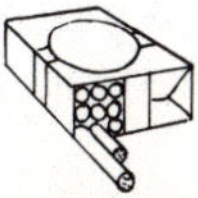

—Tengo una duda mi buen, ¿cómo es que siendo tú de color serio y tu esposa trigueña, tengas un niño pelirrojo? ¿Abueleó acaso?

—Caray compadre, sólo porque te tengo confianza te voy a decir la verdad: mi hijo no abueleó, simplemente "vecineó"...

Un nuevo rico llega a la agencia automotriz y dice:

—Vengo a devolver este Gran Marquís y a cambiarlo por otro...

—Pero, ¿qué no le gustó?

—Sí, nomás que ya se le llenaron los ceniceros...

Dos avicultores, rancheros de pura cepa y que jamás habían venido a la ciudad, entran por primera vez a un elevador, donde el operador les dice:

—¿A cuál piso?

Y dice uno de ellos, el más alarmado:

—A mi compadre, a mi compadre...

El cliente dice al mesero:

—La cuenta por favor...

Al rato llega el camarero y entrega la cuenta:

—¿Qué? ¿Cómo que veinte mil pesos? Si nomás quiero pagar la cuenta, no ser socio del negocio...

—Chéquela usted...

—Vamos a ver, mmm... dos por una dos y llevamos cinco entre, no porque entonces... el caso es que son tantos más cuantos menos tantos... ¡sí! aquí está el daño...

—¿Dónde?

—¿Quiénes fueron los caldeos?
—Los inventores del caldo.

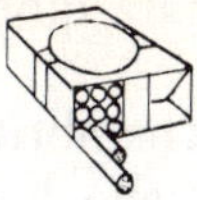

—¿Qué es una bancarrota?
—Una banca donde se sentó un super-gordo.

—¿Qué es una astilla?
—Una uedita de ulce con abor a enta, aranja o imón...

—¿Qué es una libra?
—La esposa del libro.

Dos señoras platican:

—¿Y qué te dijo el médico sobre tu padecimiento?
—Me dijo que le pondrá mi nombre a la enfermedad que me descubrió...

Pancracio Palemón dice a Pompeyo Atenógenes, ambos están medio taras chiflis:

—¿Así que eres muy dichoso?

—Sí, soy muy bueno pa' los dichos, a ver, mejórame éste: "Nadie sabe para quién trabaja, hasta que se casa con ella".

—Al mal paso darle, chambritas.

—Nadie sabe lo que tiene, hasta que le roban la cartera...

—Camarón que se duerme, no sirve pa' velador...

—Dime con quién andas, y te diré quién paga los cafés...

—Al que nació pa' maceta, lo agarran de cenicero...

—No le hace que nazcan ciegos, que ya venderán billetes de lotería...

—Hijo de tigre, también nació para el circo...

—¿Cual es el colmo de un pato infiel?

—Que tenga que andar con dos patas...

—¿Qué me cuentas de tu viaje a París?

—Pues que demandaron por adulterio a "La Torre Infiel".

Una mujer dice a su marido:

—¿Por qué estás tan malhumorado? Ya bájale de cilantro a tus tacos...

—Es que un mosquito me causó tremendo insomnio...

—¿Hago un té?

—No, no creo que le haga el menor daño al mosquito...

Un cuate a un tenoriazo de barrio:

—¿Por qué te siguen tanto las damas? ¿Cuál es tu gracia?

—La única gracia que tengo, es que puedo sacar una canica de una taza, con la lengua, tardándome una hora cuando menos...

En la casa de la familia Pérez están de visita los González, y la señora de los visitantes responde al teléfono:

—¿Qué? Fíjate viejo que la niñera me pregunta que donde dejé guardados mis anticonceptivos...

Un viejito llega a una oficina:

—Señor Rajuela, vine a avisarle que mi hijo no pudo venir hoy...

—¿Qué? Pero si me dijo que iba al entierro de usted...

—¿Así que estuviste muy contento en la cantina?

—Sí, y me puse un cuete bien puesto. Le eché pesos a la rockola y me deleité con: "Cornelia la Tejona", "Simón Curado" y "Los Camiones de Alcapone"...

—Pues sí que estabas cuete, ¿qué no serían: "Camelia la texana", "Simón Blanco" y "Los Cañones de Navarone"?

—Oye Claudia, qué culto es tu marido... Lo sabe todo...

—No creas Sonia, estoy segura que ni lo sospecha...

Hernán dice a Romeo:

—Deberías bajar las persianas o correr las cortinas de tu casa, ayer como a las once de la noche, te vi dando unos besotes a tu esposa...

—Ahí está tu mentirota, yo no estaba en mi casa anoche...

Se muere la mamá de un policía y como no hallan la forma de informarle el triste suceso, el comandante se da valor y dice a los cinco gendarmes que tiene enfrente, incluyendo al aludido:

—Los que tengan mamá que den un paso al frente... ¿Qué? Usted gendarme Benavides Zamarripa, quédese donde está...

Dos pokaristas en acción:

—Oye, tú me estás haciendo trampa...

—¿Y por qué lo dices?

—Porque siempre sacas un juego distinto al que te doy...

Cliente quejoso a mesero:

—Quiero hablar con el dueño, la comida está infumable...

—Tiene que esperarlo, porque fue a comer al restaurant de enfrente...

Un gringo dice a un peladito chilango:

—Ou, en los Estados Onidos en un día levantar un edificiou de veinticinco pisous...

—Uy mister, aquí no sólo se construye un edificio igual en un día, sino que al otro, ya están corriendo cuando menos a tres inquilinos por exceso de no pago de renta...

Cuando el paracaidista novatón se lanza al aire se pone a aletear con mucho vigor, por lo que al verlo que va llegando al suelo, le dice el Sargento refunfuñón:

—Soldado Pérez, ¡cómo se ve que no les tiene todavía confianza a los paracaídas..!

Sargento regañón a recluta taradón:

—Soldado Pérez, cuando dispare el rifle, no es necesario que con la boca diga ¡pum!

El mismo Sargento al mismo novato, al ver que la bala sale del rifle y a medio metro se clava, en forma parabólica:

—Soldado Pérez. Ya le he dicho que jale más fuerte el gatillo.

En una fiesta, un facultativo dice a otro de los invitados, respecto a una señora gorda que no deja de sonreír:

—Qué lindos dientes tiene esa distinguida dama...

—¿Es usted amigo de ella?

—No, soy su dentista...

Feligrés a sacerdote:

—Oiga padre, ¿es pecado dormir con una chica que no es nada de uno...?

—Claro que no, hijo... Siempre y cuando nomás duerman...

En una cantina un tipo presume de influyente:

—Aquí donde usted me ve licenciado, yo he colocado mucha gente.

—¿Es usted político priísta?

—No, acomodador en el cine "El Piojo Bravo".

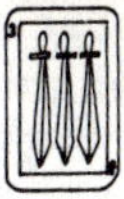

Solicitante de préstamo a gerente bancario:

—Entonces, ¿no me va a prestar nada?

—Sin fiador, sólo le puedo prestar mi atención...

Pepito dice a su papá, que lo acaba de reprender:

—Tienes razón, papá, yo no soy el primero de mi clase, pero tampoco tú eres el gerente de tu oficina...

Pepito dice filosóficamente a la mamá de su amiguita Anita:

—Asúmalo con valor señora, algún día tendrá que compartirla...

En el momento en que una señora gorda con una maleta en cada mano acaba de caer en paracaídas en el techo de un chalet montañero, dice un señor a su esposa:

—¿Por qué no se pondría triste tu mamá, cuando le dije que estaríamos en un sitio inaccesible?

Mientras la hermosa paciente va colocando una a una sus ropas sobre el biombo, dice al médico que la ve con ojos libidinosos:

—Oiga doctor, ¿y es forzoso que me desnude para que me pueda ver las anginas?

Pepito dice al casero furibundo:

—Mi mamá salió y olvidó dejar el dinero de la renta...

—¿Y cómo sabes eso?

—Porque ella misma me lo dejó dicho...

Dos cuates charlan:

—¿Es cierto que tu abuelito ya está muy antiguo?

—¿Máaaas? Con decirte que conoció al Río Sena, cuando apenas era el Río "Almuerzo"...

El tremendo Pepito, niño de ocho años, dice a su mamá:

—Oye mami, ¿a mi edad puedo embarazar a una nenita?

—No mi hijito...

—Ah qué bien... ¡Laurita! sigamos jugando en aquello donde nos quedamos...

Un tipo abre una carta, la cual esta totalmente en blanco. Al percatarse un amigo le pregunta sobre lo extraño del caso, y le dice el aludido:

—Esta carta es de mi novia, y no está escrita, porque desde hace un mes que no nos hablamos...

La chica totalmente desnuda dice a su galán, quien fuma satisfecho:

—¿Ya ves cómo eres de sonsacador? En pleno noviembre me hiciste que te adelantara tu "regalo" de Navidad...

Uno que presume de perspicaz es abordado por San Pedro, quien le dice:

—Tú que eres tan chicho, ¿podrías distinguir entre todos los miles que están aquí, a Adán?

—Sí, es aquel que no tiene ombligo.

San Pedro le puso el ombligo a Adán, lo revolvió con los demás y le pidió que lo identificara de nuevo:

—Es aquel que no tiene costilla...

Le puso la costilla faltante, lo revolvió y le dijo:

—Encuéntralo de nuevo.

—Mire San Pedro, es aquél...

—Es cierto, ¿cómo le hiciste para saberlo?

—Muy sencillo, menté la madre a todos, y fue el único que no me la "retachó"...

Madre desconfiada a hija descarriada:

—¿Tu novio tiene buenas intenciones contigo?

—Claro mamá, como que es un hombre casado muy formal...

Raulito dice al terrible de Pepito:

—¿De dónde se obtiene la lana virgen?

—De las borregas que corren más rápido.

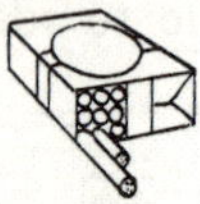

La esposa dice al marido, quien tiene frente a sí al menú mientras espera hermosa mesera neoyorkina:

—No me caerías tan gordo, si cuando menos supieras inglés...

Un gandalla a otro:

—¿Sabes cuál es el naco al que le cabe más agua?

—¿Cuál?

—El "ti-naco"...

—¿Sabes cuál es el calendario más simplón?

—¿Cuál?

—El "alma-naco"...

Aqui les va un telón:
Primer Acto: Un tipo vende tortas.
Segundo Acto: El sujeto sigue vendiendo tortas.
Tercer Acto: El hombre ahora vende tacos.
¿Cómo se llama la obra?
EL EX TORTISTA.

Un tipo olvidadizo va descalzo por la calle con un hilito amarrado en el dedo gordo del pie; al verlo un amigo le pregunta por el detalle, y esto dice el aludido:

—El hilito es para acordarme que tengo que comprarme unos zapatos...

Ante unas molestias estomacales de Pepito, la mamá lo lleva con el médico, quien ordena una radiografía. Ahí se ve que dentro del estómago está una ranita salte y salte, por lo que dice el inocente pequeño:

—¿Puedo quedarme con ella, mamá?

En el momento en que el barco que acaba de ser botado se hunde, dice airado el capitán a la dama que acaba de romper la botella de champagne en la popa:

—No tan fuerte, vieja mandada...

Un guerrerense que conduce un jeep y transporta a un turista yanqui, ve que se le atraviesa un ranchero remolcando un burro cargado de leña; se baja, lo abofetea, lo retira del paso y finalmente le mete un balazo; regresa al jeep y dice a su acompañante:

—Pues sí patrón, como puede ver, estos son los detalles que le han dado mala fama al Estado de Guerrero...

Un chilango va a Mérida y llega muy retrasado y de madrugada su avión; ya en la Avenida de los Itzaes se dirige a un restaurant y pregunta qué hay de comer, y le responde al encargado:

—¿Sólo pavo? Yo quería algo yucateco...

—Pues el pavo es yucateco...

La maestra dice a un alumno, Pedrito Pérez:

—Dime una palabra con varias letras "oes"...

—Cocotero.

—Muy bien, ¿y tú Raúl Saúl?

—Coconote.

—Perfecto, ¿y tú Pepito?

—Gooooooooollll...

Un mexicano en Roma llega a un sitio muy elegante y pide una comida corrida, le dicen que ahí no es restaurant y él se defiende:

—Pero si ahí dice "Cocina Económica".

—No señor, dice: "Concilio Ecuménico."

Un chofer va conduciendo con la izquierda y metiendo mano con la derecha, pero al ver el riesgo dice su chica:

—Usa las dos manos...

—¿Y con cuál manejo?

Mientras un tenor echa de su ronco pecho, un espectador repara en el pianista, por lo que comenta con su vecino de asiento:

—¿Te fijaste qué bien acompaña el de los teclados?

—Claro, como que antes era guarura...

La maestra, algo "monstruita" dice a Pepito:

—Si yo digo "Fui rica" es tiempo pasado, pero si digo "Soy hermosa", ¿qué es?

—Un exceso de imaginación...

La jamona y veterana esposa dice al preocupado marido:

—¿Estás triste porque me voy mañana?

—No, porque creía que te ibas hoy...

El empresario dice al autor, ante el fracaso teatral de su obra:

—¿Y tú por qué chiflaste junto con el público?

—Porque si no lo hago me identifican, y son capaces de lincharme...

El doctor recibe una llamada de la cantina:

—Doctor, venga por el enfermo que ve elefantes rosas...

—¿Se puso grave?

—No, pero el lugar está lleno de elefantes rosas, y él no ve ninguno...

Un caballero que compra un brassiere de talla treinta y seis, al ver entrar a una mujer gordísima y mal encarada, dice a la guapa dependienta:

—Por favor, olvídese de ese brassiere y envuélvame otro de talla cuarenta y ocho...

Ante el acoso del jefe de personal, dice la guapa chica:

—No señor Salinas, si accedo ante sus proposiciones, todos van a pensar que soy una mujer fácil...

—No Laurita, si acepta, le prometo que diré a todos que me costó mucho trabajo...

Al momento en que unos niños, en forma imperturbable, ven que a una señora se le cayó la canasta e hizo un regadero de cosas, uno le dice al otro:

—¿Te fijaste Contreras? Esta es la ventaja de andar sin el uniforme de boy scouts.

Ante la actitud encolerizada de su mamá, le dice retador Pepito:

—Ya basta de gritarme mamá, recuerda que no le estás hablando a papá...

Un tipo que se cree Napoleón le dice al psiquiatra que lo ve:

—Realmente, la que está loca es Josefina, mi vieja; ella insiste en que está casada con un tal Pedro Pérez...

Policía a tipo que fue atropellado:

—Teniendo pluma y papel, ¿por qué no apuntó las placas del carro que lo atropelló?

—Ay oficial, es que no hacía falta...

—¿Cómo que no?

—Porque me las dejó estampadas en la espalda...

Una señora a otra:

—¿Así que tu hija resultó la chica más popular de la Prepa?

—Sí comadre.

—¿Y qué trofeo le dieron?

—Nada más un bebé.

Dos borrachales charlan entre sí:

—Oiga compadrrre, ¡hic! ¿qué le va a regalar a mi comadre el día de su santo...

—Unos antiojos... ¡hip!

—¿Y essso?, ¿por qué?

—Porque dizque no me puede ni ver...

Hija recién casada telefonea a su mamá:

—No creo que nuestra luna de miel se lleve a cabo, fíjate mami que Rogelio nomás tiene un pie...

—Ay mi hijita, tu papá sólo tiene siete centímetros y la pasamos muy bien...

—Mire, lo que pasó es que a mi consumo, le sumó usted la fecha y el folio del recibo.

Médico a tipo mal encarado:

—Sí, sus síntomas son inequívocos... Usted padece una fuerte depresión, ¿a qué se dedica?

—Soy terrorista...

—Lo dicho: de hoy en adelante, sólo una bomba cada tercer día.

Se dice que Napoleón, al ver que el jardinero era exacto a él, le preguntó:

—¿Su mamá acaso sirvió en la casa de mi padre hace treinta y tantos años?

—Mi mamá no, pero mi padre sí...

La sirvienta a la patrona, bastante pretensiosa por cierto:

—Señora, ya llegó el doctor T. Mata Lozano...

—Dile que no lo puedo recibir, que estoy enferma...

La hermosa y escultural secretaria dice a su nuevo patrón:

—Caray licenciado, cuánto honor de que usted me

invite a una fiesta íntima, sólo tengo una duda...
—¿Cuál, señorita Claudia?
—Que no se qué es una orgía...

Un homosexual dice a otro sujeto de costumbres desviadas:
—Oye Clavelo, te invito a una "órgia"...
—¿A una "órgia"?, dirás orgía...
—No, así es con mujeres...

Un cuate a otro mandadón:
—Fíjate Sofonías que voy a tener un hijo?
—Ah ¿sí? pues, quiérelo como si fuera tuyo...

Inspector de manicomios al director de una casa de salud:
—¿Y cómo es que le dieron a usted el puesto de director?
—Es que yo era el loco más antiguo...

Una belleza que va de vacaciones dice a la dependienta de una tienda de trajes de baño:
—¿Qué trajes tiene?
—Mire, tenemos varios estilos: tanga hawaiana, mo-

nokini, bikini, traje de una pieza, y el más audaz es: veinte mil pesos de multa o quince días de arresto...

Actitud sospechosa, es la del jefe de oficina de Jimenitos, que al conocer a la esposa de éste, de inmediato nombra agente viajero de viajes tardados al susodicho empleado.

La bella chica a su pretendiente:

—Y no creas que me caso contigo por la herencia que te dejó tu tío; me casaría lo mismo si te hubiera heredado cualquiera de tus parientes...

Después de un arduo reconocimiento, teniendo frente a sí a una hermosa joven desnuda, dice resignado el galeno:

—Odio decir esto, señorita, pero ya puede usted vestirse...

Tan sólo por decir algo, el cliente de un limpiabotas le pregunta:

—¿Y dónde está el ciego de esta esquina?

—Se fue a comprar el periódico...

Guapa turista norteamericana dice a cumplido policía guerrerense:

—Oiga osté, señor polisman, ese individuo me ha estadou siguiendo toda la tarde...

—Ay miss, no lo culpo; si estuviera franco yo también lo haría...

El médico dice al paciente luego de auscultarlo:

—No me gusta su cara: los ojos desorbitados, el labio caído, la piel amarillenta, la lengua reseca...

—Bueno doctor, pero reconozca que usted tampoco es muy carita que digamos...

Reportero a catedrático:

—¿Por qué dice que su suegra y las Cataratas del Niágara tienen algo en común?

—Es que ambas son... unas viejas cascadas...

El psiquiatra dice a su paciente:

—¿Y habla usted mientras duerme?

—No, hablo mientras otros duermen, ya que soy maestro de Filosofía...

Un empleado guasón, al ver por la ventana tremendos nubarrones dice algo que alcanza a oír el gerente de la empresa:

—Dentro de unos minutos tendremos tremendo aguacero...

—¿Tendremos? ¿Desde cuándo es usted socio de la firma?

Jovenzuelo que empieza a trabajar y quiere ahorrar, dice a su papá:

—¿Qué son las cuentas mancomunadas?

—Un mecanismo bancario donde uno deposita y otra saca y saca...

La guapa señora, madre soltera por cierto, va a bautizar a su hijo:

—¿Qué nombre le pondremos? —preguntó el sacerdote.

—Este: "Wrtxymentup".

—¿Es su papá checoeslovaco o polaco?

—No, es oculista...

Pepito y su palomilla evocan la aventura de su primer cigarro:

—Pues yo —dijo Juanito—, la primer vez que fumé, me causó vómito.

—A mí —dijo Tatín—, me causó un fuerte dolor de cabeza...

—Y a mí —dijo Pepito—, me dolió todo el cuerpo.

—¿Y eso por qué? —preguntó uno de ellos.

—Por la cueriza que me dio mi papá...

Un jipi a otro:

—La primera vez que me bañé, sentí enloquecer...

—¿Y la segunda?

—Creo que me moriré.

Otro jipi a otro más:

—¿Cada cuándo te bañas?

—Yo me baño cada cinco meses, me haga falta o no...

Un pescador exagerado a otro:

—El domingo pasado pesqué una pieza enorme,

¿cuánto crees tú que pesaba el animal?

—Exactamente la mitad del peso que vayas a decir...

Una comadre a otra, ambas muy religiosas:

—¿Por qué le pedimos a Dios el pan nuestro de cada día, en vez de irle pidiendo de semana a semana?

—Para que no se endurezca...

El gatito siamés pregunta a un gusanito que llora inconsolable:

—¿Por qué lloras, gusanito?

—Porque mi papá es un arrastrado...

Un sujeto mal vestido y con apariencia de "chupamaro", entra al estudio de famoso pintor de desnudos:

—Vengo por una cantidad que vamos usted y yo a discutir. Acaba de vender un cuadro, ¿no?

—Así es, el de un hermoso desnudo femenino, ¿qué hay con eso?

—Pues que como soy el padre de la modelo, vengo por mis derechos de autor...

Un marciano con apariencia diferente: orejotas, enorme nariz, tres ojos, antenas, boca de tres labios y demás, dice a un borrachito:

—Me urge hablar con el jefe de esta área...

—Mira mano, ¡hip! lo que tú estás pidiendo a gritos, es un cirujano plástico... ¡hic!

Un cuate a otro:

—Fíjate que otra vez quiero hacer el amor con Olga Breeskin...

— ¡Qué! ¿Ya lo hiciste una vez?

—No, pero ya otra vez había querido...

—¿Cuál es el colmo de un barco de velas?

—Pues que nunca vaya al Mar Muerto...

Un explorador borrachote narra su aventura en la selva:

—El calor agobiaba y no teníamos ni un trago de tequila...

—¿Y no había algún río o lago por ahí?

—Claro que sí, pero en esos momentos, ¿quién pensaba en bañarse?

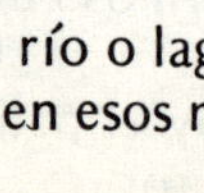

Filosóficamente, dice el marido a la esposa:

—Los sabios inventan máximas y los estúpidos las

repiten...

—¿Y qué sabio inventó esa que acabas de repetir?

Encargado de hotel al mozo del mismo:

—¿Ya llevaste la cuenta del huésped del cuarto 201?

—Sí, se la acabo de entregar...

—Pues no creo que la haya visto, porque todavía está silbando...

Un compadre a otro:

—Préstame mil pesos...

—¿Qué garantía me das?

—La palabra de un hombre honrado...

—De acuerdo, traeme a ese hombre honrado y te los presto.

—Duda de las vacunas, ahí tienen a Josefo, antier lo vacunaron y ayer levantó los tenis...

—Pues ¿qué pasó?

—Lo aplanó un trailer y la vacuna valió sorbete...

Maestro al incorregible de Pepito:

—A ver niño, ¿quién fue Luis XV?
—El carpintero que hizo los muebles de mi tío...

Rancherón en la casa de su compadre el capitalino:
—Oiga compa, qué bonitos muebles, mejormente este sillón...
—Sí, son Luis XV...
—Pero, ¿no habrá un sillón Luis XV y medio?

Señora indignadísima telefonea a un taller eléctrico:
—¿Qué pasó con el electricista que les pedí? Quiero que me reparen mi timbre...
—Ya regresó nuestro técnico, estuvo toque y toque el timbre y nadie le abrió...

Un cuate que es un vagonazo especialista en aplanar calles dice a otro gandalla:
—Me quiero suicidar, todos en mi casa me repudian...
—¿Por qué no te echas al mar?
—Sería inútil, los tiburones tampoco me tragan...

—¿Cómo es que tocas un instrumento de cuerda? Que yo sepa jamás estudiaste música, ¿qué instrumento de cuerda es?

—La campana...

Una linda actriz a cierto productor de cine:

—Pues fíjate que no me casaré contigo: eres bastante rico, pero no suficientemente viejo...

El señor y la señora Pérez Gómez salieron a despercudirse un poco. Al ver a cierta chica que ejecuta su acto de strip tease, la señora hace el siguiente comentario:

—Oye Abundacio, ¡fíjate bien! ¿Qué esa chica que se está desvistiendo, no es Petra, la muchacha que se quedó cuidando a los niños?

Un torero en el aeropuerto Benito Juárez es abordado por tenaz fanático de su porra:

—Suerrrte mataó...

—Gracia hombre, gracia...

—Que suerrrte mataorazo...

—Gracia ¡hombre!

—Que digo que suerrte esa maleta, porque es la mía...

Entrevistador de radio a famoso matador de toros:

—Para usted, Curro, ¿qué es el toreo?

—¡Vamos, hombre!, es algo muy fácil: ¿que viene el toro?, te quitas tú. ¿Que no te quitas tú?, ¡pues te quita el toro!

A punto de tirarse un clavado desde el trampolín, el jardinero del manicomio le dice al loco que se va a lanzar:

—Oye, no te avientes, que no tiene agua la alberca...

—¿Y eso qué? Al fin que no sé nadar...

Un par de locos son transladados por tren, de cierto nosocomio de provincia al manicomio de la ciudad; ambos viajan un buen rato viendo por la ventanilla, hasta que uno acierta a decir:

—¿Ves qué rápido viajan los postes?

El otro, tratando de presumir dice:

—Por eso es que yo siempre viajo en poste...

Un chupamaro a otro pedestal en la pulcata "Me estoy riendo":

—Ya no aguanto a mi vieja, a cada rato me pide y me pide dinero.

—¿Y para qué lo necesita tanto?

—Quién sabe, nunca se lo doy...

El policía del almacén pregunta a un niño que está llorando:

—¿Qué te pasa?

—He perdido a mi mamá, ¿usted no ha visto a una señora apurada sin un niño como yo?

Variando sobre el mismo tema, diremos que un niño se acerca al policía de la entrada de un gran almacén y le dice muy tranquilo:

—Si ve usted a una señora apurada buscando a un niño como yo, dígale que estoy en el departamento de juguetes...

Antes de que la familia salga a la calle, Pepito dice a su mamá:

—Oye mamá, y llévate unos dulces, por si lloro en el camino...

El magnate del pueblo pregunta a su hijo:

—¿Qué tal te fue en los exámenes?

—Me saqué diez en todo.

—¿Y qué te preguntaron?

—Que si era hijo tuyo...

Pepito llega con un billete de diez mil pesos y su mamá le comenta:

—¿Así que estás seguro que alguien lo perdió?

—Sí mami, yo mismo vi a una señora busque y busque...

Casero a inquilina difícil:

—Señora, vengo por lo de la renta...

—¿Qué? Me desmayo...

—¿Cuál mes de mayo? Me debe abril, mayo, junio y julio...

Los papás de Pepito le preguntan:

—¿Qué quieres Pepito, un hermanito o una hermanita?

—¿La mera verdad? Pues, un carrito "milchoques"...

Un nuevo rico que no sabe en qué gastar el dinero, se encuentra con el ventajoso del "Muelas", transador de tiempo completo:

—Te vendo unas papatinas de medio cachete, pero fueron herencia de mi abuelo; en el mercado, si las hay, te costarían cien mil pesos, pero por ser para ti te las dejo a setenta mil...

—Muy bien, mándame las papatinas a mi casa en la tarde.

Llegando el nuevo rico a su casa, pregunta a su mayordomo:

—Oye Jaime, ¿qué cosa son las "papatinas"...?

Un galán frustrado dice a su rival en amores:

—¿Por qué me dijiste que Claudia tenía sólo una pierna derecha? Después que te casaste con ella, la vi hace poco cuando la llevaste al balneario, y tiene las dos piernas más lindas que existen...

—Yo no te mentí... Tiene sólo una pierna derecha, porque la otra es la izquierda...

—¿Sabías que siete judíos se ahogaron en una alberca?

—¿Cómo pasó la desgracia?

—A uno de ellos se le ocurrió decir: "El que salga primero paga la comida de todos"... Y ninguno salió del agua...

Una madre a su comadre:

—Fíjate que a mi hija Isabel Margarita le fue muy mal en su matrimonio...

—No me digas, ¿por qué?

—Figúrate que le salió cornudo el marido.

El apoderado dice a su representado, el matador de toros.

—Oye mi niño, todo el público estará en tu contra...

—¿Y eso por qué?

—Porque la plaza en pleno está llena de integrantes de La Sociedad Protectora de Animales...

Un torero maletón dice a fanático de hueso colorado:

—Pienso ya retirarme de los toros...

—¿Más todavía?

Un cuate a otro, siendo que ambos tenían tiempo de no verse:

—¿Y qué fue de esa vieja sangrona, payasa, fea y que tendía a engordar?

—Me casé con ella.

Los papás de Pepito tuvieron gemelos y le recomendaron que dijese a su maestra el hecho, para que le diese un día de descanso. Por la tarde Pepito regresó feliz y dijo a sus papás:

—La profesora me dio el día de mañana para que lo pasara con mi nuevo hermanito...

—¿Le dijiste que tuvimos sólo un niño? Pero si fueron mellizos.

—Sí papá, pero al otro me lo reservé para la semana entrante...

Un judío perdió un perro french poodle al que adoraba, y sin pensarlo mucho fue al periódico local a ofrecer medio millón de recompensa para el que lo encontrara. Pensándolo mejor, fue a modificar el anuncio, para que sólo apareciesen doscientos cincuenta mil. Sin embargo, ya no halló al empleado de los anuncios sino a un aseador, al que le dijo:

—Oiga, no veo a nadie, ¿no está el de los anuncios, el gerente, el jefe de redacción, el jefe de información, el de publicidad o gente parecida?

—No señor, todo mundo salió a buscar a su perro...

Dos cuates charlan en la cantina frente a unas cheves:

—Para ti Zendejas, ¿qué es un sacerdote?

—Un tipo al que todos los hombres llaman padre, y sus hijos llaman "tío"...

En un autocinema, en una de las escenas de suspenso de la cinta, dice la chica a su galán:

—¿Oyes el canto de los grillos?

—Sí mi vida, oigo, nomás que no es el canto de los grillos, sino zippers que suben y bajan...

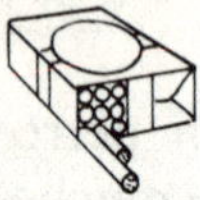

El marido, indignadísimo, reclama cómo es que su esposa hizo el amor con el limosnero que está con ella en el lecho conyugal, por lo que ella aclara:

—Ay viejito, es que me pidió algo que tú ya no usaras...

Un fanático de la contraporra dice a su vecino de asiento:

—Realmente ese torero es malísimo, ¿qué hará en los toros?

—El toreo es su pretexto, ya que su verdadero negocio es la venta de los cojines que le avientan...

A fin de apaciguar al travieso de Pepito, la mamá le dice que si se porta bien siete días, le dará siete pesos, por lo que Pepito hace un largo silencio:

—¿Te preocupó lo que te dije, Pepito?

—No mamá, estoy pensando si me conviene el trato...

La mamá dice a Pepito que no diga malas palabras, y le dice el travieso escolapio:

—Pero mamá, Cervantes y Quevedo también las dicen...

—¡Ah! ¿Sí? Pues desde mañana te prohíbo que juegues con ellos.

El galán tímido dice a la chica desinhibida y super moderna:

—Vida mía, si quisiera hacerte el amor ¿pedirías ayuda?

—¡Claro que sí! Siempre y cuando la necesitaras...

Para quedar bien y granjearse una propina, Pepito dice al novio de su hermana:

—Mi mamá leyó su libreta de versos y lloró...

—¿Emocionada?

—No, qué va, dijo: "Pero ¿con semejante idiota va a casarse mi hija?"

El papá dice a Pepito en charla filosófica:

—La mentira es algo negativo, que debe eliminarse del alma de las personas; yo digo por ejemplo: "Si a un niño le prometes algo, cúmplele, si no lo enseñarás a mentir".

En eso toca la puerta y dice previsor el papá:

—Abre Pepito, pero si es el de la renta dile que no estoy...

Sale un borrachito bastante noche de la cantina y frente a la misma hay un enorme charco, en eso llega un policía, al que le dice:

—Oiga oficial ¡hic! ¿eso es la luna?

Al ver que la luna se refleja en el charco, donde señala el borrachito, dice el gendarme:

—Así es señor...

—Entonces, ¿me podría decir ¡hic! que hago yo en el espacio...?

La maestra dice a Pepito:

—¿Por qué a los niños les gusta más la leche materna que el biberón?

—Maestra, no es cuestión de leche, sino de "envases".

Un chupamaro a otro pedestales:

—Fíjate que el doctor Zote me prohibió el alcohol...

—¿Ni siquiera el pulque?

—No me atreví a preguntarle, pues era capaz de prohibírmelo...

Un sujeto va a la tienda de animales a comprar una vasija:

—Quiero comprar un cacharro donde tome agua mi perro...

—Tengo de dos clases —dice el dependiente—, una no dice nada y la otra dice: "Para mi mascota consentida". Esta es más cara que la otra.

—Déme la barata, al fin que mi perro no sabe leer...

El alcaide de la prisión avisa a su guardia que le llegó un soplo de que siete presos se van a escapar y le dice:

—Sargento, cuídeme bien todas las salidas...

A la mañana siguiente llega el alcaide y se topa con la noticia de que, efectivamente, se escaparon los reos, por lo que llama al titular de la guardia:

—¿No le advertí que cuidara todas las salidas?

—Pues sí, nomás que los presos se escaparon por la "entrada"...

El médico dice a su desmejorado paciente:

—Tiene que hacer labores donde no intervenga la

cabeza...

—Me moriré de hambre...

—¿Y eso por qué?

—Porque soy peluquero...

Un escritor con muchas pretensiones dice al editor que la obra que le presenta podría tener tanto éxito, que luego tendría que traducirse a varios idiomas, por lo que le responde el editor:

—Le sugiero que por lo pronto sea traducida a nuestro idioma, ya que este libro no lo entiende nadie...

Chucho Rincón y Jorge Alberto Ruiz, filosofan en la cantina frente a un par de chelas bién helodias:

—La anatomía es algo que todos tenemos, pero que en la mujer se ve ¡super!

—Cuando una alemana dice "ya" es que "sí", y cuando una mexicana dice "sí" es que "ya"...

—La mujer es perseguida por el hombre, hasta que la atrapa.

—No hay mujeres frígidas, hay hombres inexpertos...

Paco Godínea nos cuenta que varios soldados comisionaron a otro para informar al Cabo D. Vela de la muerte de su mamá. El comisionado dio así su recado:

—Oiga mi Cabo, ¿vive su mamá?

—Sí.

—¿Cuánto apuesta a que no?

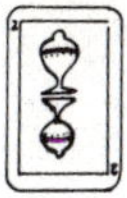

Chucho Pinto dice a Chico Ché:

—¿Qué es la N.A.S.A.?

—NOSE...

Manolo Feria y Abel Ortiz Chacón, al ver a cierto tipo movido por propulsión etílica y muy celoso de su "beber", dicen:

—Mira Manuel, ese cuate anda como muela del juicio...

—¿Cómo?

—Bien picado y hasta atrás...

Rigoberto Audaz y Roberto Vázquez dialogan frente a un par de chelas bien helodias, en Villa del Mar, Veracruz:

—No es lo mismo Pedro Damasceno, que con damas cenó Pedro...

—Tampoco es lo mismo un aparato de pilas, que una pila de aparatos...

—No me negarás que tampoco es lo mismo: Lino préstame tu remo, que préstame tu remolino...

Dos cuates dialogan:

—El domingo quería ir al futbol y mi esposa quería ir al cine...

—¿Y qué tal estuvo la película?

Miguel Laure Rubio y Rafael Buendía, animados por sendas copas de cognac, filosofan sobre la mujer:

—El llanto es la fuerza hidráulica más poderosa que existe...

—Los principales triunfos de la mujer, son por la noche...

—La mujer decente se va a la cama a descansar, y la que no lo es, a todo lo contrario...

—Conozco una chica que es como los crucigramas, ya que negocia vertical y trabaja horizontal...

Géner López dice a Ruy Medina:

—¿Qué es una cama?

—El sitio donde se fabrican los motores para los triciclos...

El Cochambres dice al Chanfayazo:

—Fíjate manis, que se me ocurrió hablarle a mi novia sobre la riqueza de mi papá...

—¿Y qué pasó mi buen manijas?

—Pues que ahora ella es mi madrastra...

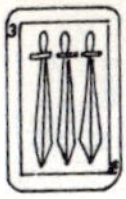

El señor de la casa sale tambaleante y maltrecho de la alcoba conyugal, en tanto su joven esposa termina de vestirse; al verlo tan desmejorado le dice el tremendo de Pepito:

—Uy papá, aguantas menos que el lechero y el del gas...

El furibundo esposo dice a su sensual esposa:

—¿Y por qué te dejaste seducir por ese vago de barrio?

—Ay Ricardo, es que no soporto ver llorar a nadie...

Beto Reyes dice a Héctor Rodríguez:

—Fíjate que el borreguito "Beeernabeeee", le dice a su papá: "Oye pa', ¿por qué estamos tan pobres teniendo tanta lana?"...

Ante los admirados ojos del papá, la pequeña Laurita comienza a desnudarse frente al lechero, el que se apresura a decirle:

—No nenita, no hagas eso, tu mamá ya me pagó ayer la leche...

El Chupiteco dice al Pichicuás:

—¿Do you speak english?

—¿Qué dice?

—Que si usted habla inglés...

—Oh yes, yes...

Mario Alcántara dice a Toño Escobar:

—Fíjate que a un compadre mío se le ocurrió ir a un restaurante y le llevaron puros huesos...

—¿Y eso por qué?

—Porque dijo que "tenía un hambre canina"...

Uno del Guadalajara dice a un americanista:

—El mejor jugador del mundo no le sirve tanto al América, como el peor árbitro...

Pepito pregunta a su papá:

—Oye papá, ¿y yo fui contigo al viaje de bodas?

—Sí Pepito, te fuiste conmigo y te regresaste con tu mamá.

En el Bar Bituri Co., dos amigos, haciendo los honores a un Bloody Mary y a un desarmador charlan:

—¿Sabes manis que es muy ventajoso dormirse con un hueso debajo de la almohada?

—¿Y eso para qué, mi buen?

—Para que los perros de rescate te hallen pronto, en caso de temblor...

El Chintololo dice al Chimichurris:

—¿Por qué tienes ya tanto rato sentado en ese bloque de hielo?

—¿No ves que estoy tomando un "refresco de cola"?

El indignadísimo marido dice a su liberal esposa:

—Gloria, ésta es la enésima vez que veo salir de esta casa al mecánico...

—¿Y eso qué tiene de malo?

—Que nosotros no tenemos automóvil...

Jorge Alcántara dice a Chucho Pinto:

—Conocí una señora tan gorda pero tan gorda, que hasta la voz tiene gruesa...

—Y yo conocí otra señora tan gorda pero tan gorda, que parecía un tumulto, y era más fácil brincarla que rodearla...

La guapa chica dice a sus progenitores:
—Perdónenme padres míos, ¡no supe lo que hacía!... aunque Sigfrido dice que lo hice muy bien...

El regiomontano dice al tendero:
—Quiero siete velitas. ¿Sabe güerco? mi hija cumple quince años y...
—Oiga, pues cómprele quince velitas...
—No hace falta, pelao, ella no sabe contar...

Otro regiomontano llega con su esposa al D.F., se entera que se puede subir gratis al Monumento a la Revolución y se anima a hacerlo, sin embargo, la señora tiene temor y se sube él solo. Su esposa mientras tanto se queda en la esquina echándose unos tacos.

Allá arriba está el de Monterrey, cuando un golpe de aire lo hace perder el equilibrio y se viene para abajo. En el aire, le grita:

—¡Viejaaa! ¡Acuérdate que ya están pagados los tacoooosss!

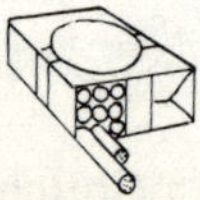

El Churrismeis al Chimbombo:
—¿Por qué eres tan tarado?
—Por culpa de una equivocación, una palabra por otra... en vez de darme una nodriza, me dieron otra cosa muy ruda...

Charlan dos tenorios:

—Fíjate que Claudia, la esposa de mi compadre el Chómpiras, en un arranque de valor le contó todas sus infidelidades, una por una.

—¿De veras? ¡Pues qué valor!

—¿Valor? Dirás, qué memoria...

La maestra dice al pésimo alumno, Pepito:

—Oye Pepito, tú le copiaste la prueba a Valadés...

—No es cierto profesora...

—Claro que sí, y no trates de mentir. Ahí donde puso Valadés "No sé", tú pusiste "Yo tampoco"...

El Chirrisfáis dice al Charifas:

—¿Te gustan los toros?

—Ix barnix...

—Pues tienes el mismo gusto que las vacas...

Dos cuates conversan:

—¿Así que tienes siete hijos?

—Sí.

—¿Y con la misma?

—Claro, con "la misma", pero con diferentes mujeres...

Clarita dice a Lulú:

—¿Es cierto que tu marido es altísimo?

—Cierto. Es tan alto pero tan alto, que para peinarse tiene que subirse a una silla...

Un amigo a otro:

—¿Es cierto que el compadre está demasiado enfermo?

—Máaaas? Con decirte que hasta el matasanos le cobró por adelantado...

El Patiflazo dice al Chenderizo:

—¿Qué le compraste a tu suegra?

—Algo para el cuello...

—¿Un collar?

—No, un jabón...

—Le hubieras comprado un collar...

—No, prefiero traerla suelta...

—¿Y por qué no la llevas al zoológico?

—¿Qué? Si quieren verla, que vengan donde está...

—¿De veras nunca has visto una mujer más fea?

—¿Gratis? ¡No!

El Dr. T.A. Muela dice al marido oprimido, luego de haber operado a su mujer:

—Le tengo dos noticias, una buena y una mala... Su esposa murió...

—¿Y cuál es la mala?

Una chica dice a otra:

—Fíjate que mi novio me acaba de escribir. Me dijo que al regresar de su viaje, se casará con la chica más linda del mundo...

—¿Lo ves qué sinvergüenza? Y eso que había prometido casarse contigo...

Un norteño a un capitalino que visita Monterrey:

—Oye güerco, empréstame tu reloj; es que estaré en la capital unos días y alcanzo a devolvértelo...

—Bueno, pero... ¿qué no tienes tu propio reloj?

—Pos sí vale, pero ya ves, como hay tantos rateros por allá...

La chica casadera dice a su galán:

—Oye Raúl, ¿por qué desde que hemos estado practicando nuestra luna de miel, desde hace tres meses, has dejado de hablar de nuestro casamiento?

La sufrida mujer riega y barre a Bracho el Borracho, luego de una de sus clásicas papalinas de "viernes social", por lo que le dice:

—Eres un desobligado bueno para nada, y para que lo sepas, las comodidades que tenemos se deben a la bondad de tu compadre, al que realmente quiero. El nos ha mantenido, ¡y a ti de paso! desde hace seis meses... Y ahorita mismo me voy con él...

—¿Te vas? ¡hic! ¡Nos vamos!

La mujer dice a su marido por la mañana, luego de percatarse de algo:

—Mira nomás... Los rateros vaciaron totalmente la casa durante la noche... Y tú con la pistola debajo de la almohada.

—Pues gracias a eso no se la robaron...

El maestro dice a la clase:

—Y el oxígeno fue descubierto por Joseph Priestley en 1774...

Por lo que dice el tremendo de Pepito:

—¿Y entonces qué respiraba la gente antes de ese año?

Un loco rico invita a unos amigos a un cobertizo, donde tiene más de cien botes de diferentes colores y tamaños, y pregunta a los recién llegados:

—¿Qué les parece mi "exposición de pinturas"?

La guapa y escultural aspirante a secretaria se desnuda poco a poco frente al jefe de personal, quien le dice:

—Cuando le pregunté que me mostrara de lo que era usted capaz, me refería a mecanografía, archivo, documentación y ortografía...

En el frescobote un reo llega a hurtadillas y tapa los ojos con las manos a otro preso, el que se pone a adivinar:

—¿El 2365? ¿El 0179? ¿El 9867?

Al llegar preso un sujeto, es presentado con su compañero de celda, el que le dice:

—Yo soy el 18590, pero de cariño me dicen "El dieci..."

Doña Chole va a la carnicería "La Lupita" y dice a don Chon el carnicero:

—¿Cuánto vale el kilo de aguayón?

—Dos mil pesos...

—Pero, en la carnicería "La Hidalguense" lo dan a mil quinientos pesos...

—¿Y por qué no lo compró allá?

—Porque no lo tienen...

—Bueno, así las cosas... Cuando yo no tengo aguayón, también lo doy a mil quinientos pesos...

El marido ofendido, apuntando en el lecho conyugal al Sancho, quien está con la infiel, dice al que atropella su honor:

—Y déle gracias a Dios que no lo mato, nomás porque es el padre de mis cinco hijos...

El juez práctico dice al matrimonio moderno, el de Claudia y Serafín:

—¿Acepta a esta mujer por esposa hasta que el adulterio, la crueldad mental o la incompatibilidad de caracteres los separe?

La semidesnuda esposa se encara con el sujeto que comparte el lecho con ella, y le dice para que la oiga el recién llegado:

—¡Respóndale a mi marido! ¿Qué hace usted en esta cama?

El psiquiatra, viendo sentado a los pies del diván a espantoso monstruo, dice al paciente que atiende:

—Por favor señor González, dígale a su visión que se vaya, pues no me deja concentrar en mi trabajo...

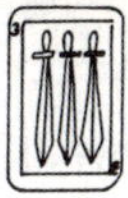

La nueva rica dice a la empleada, que le muestra su más caro abrigo:

—¿Veinte mil pesos? Quisiera algo más caro....

—Pues lléveselo en treinta mil...

El sufrido marido, El Caperuzo, dice a Chona su esposa:

—Caray vieja, ora sí que la comida te quedó, como para desquitarnos de los Peláez...

El ocurrente Patiflazo dice al Chiloflais, en la cantina 'VV o VT'':

—¿Qué horas tienes?

—Dos siete...

—¿Favor de quién?

El marido a su esposa:

—Oye vieja, si me muriera ¿llorarías?

—Claro viejo, ya ves que lloro por cualquier tarugada...

El profesor se queja con el papá de Pepito:

—Pues sí señor, su hijo es mucho, pero mucho muy exagerado...

—¿Qué? ¡Oyeme Pepito! Te he dicho más de un billón de veces que es muy malo ser exagerado...

¿Qué puede decir un Sancho al ser hallado en un closet? Puede responder:

—Cierre la puerta por favor, todavía no acabo de votar...

O también:

—Perdone, ¿ya llegamos al piso veinte?

O quizás diga esto:

—¿Por qué no le han puesto regadera a este baño?

O posiblemente diga:

—Qué vagones tan pequeños tiene este metro...

El papá de Pepito charla con su compadre, en tanto el niño juega con su gato:

—Pues sí compadre, mi secretaria nueva es muy eficaz, muy bonita, muy servicial, ¡es toda una muñeca!

Al oír eso dice Pepito:

—¿Es una muñeca? Oye papá, ¿y cierra los ojos

cuando la acuestas?

El Dr. Sido dice al acongojado paciente:

—No se preocupe señor Vélez, ésta es una operación de la que, de diez personas, una se salva nada más... Sin embargo, usted no corre peligro, mis primeros nueve ya se murieron...

Un "compa" a otro:

—¿Por qué dejaste tu último trabajo?

—Por cansancio...

—¿Te cansaste?

—No, el patrón se cansó de mí...

El encargado del hotel, al ver llegar a unos recién casados, dice a la mujer:

—Ya te he dicho Rompecolchones que este es un lugar decente.

Variando los elementos, dice el encargado a la dama de esa pareja de recién casados:

—Señor, sólo dígame usted su nombre, el de ella ya lo conocemos en este hotel...

Tacho el Cacho va con su esposa Maya Moya ante el juez de los divorcios y le expone que quiere divorciarse de ella:

—Siempre tiene en la cama insectos.

—¿Y a usted señora, qué le enoja de su esposo?

—Que llame "insectos" a mis queridos.

El socorrista pregunta al herido en carretera:

—¿Cómo fue el accidente?

—¿Ve usted la curva de allá adelante?

—Cualquiera la ve...

—Pues yo no la vi.

Hernán Cortés dice a Moctezuma:

—Vinimos a conquistar América...

—No importa, yo le voy al Guadalajara...

El máistro Nava y el máistro Nando intercambian algunos dichos estilizados:

—Al mal paso, darle chambritas...

—Tanto va el cántaro al pozo, hasta que lo cambian por una olla de peltre...

—No le aunque que nazcan ciegos, que ya pedirán limosna...

—Dime con quién andas y te diré quién paga los cafés...

—El que nació pa' maceta, lo agarran pa' cenicero...

—Arbol que crece torcido, lo agarran para columpio...

El papá al travieso chamaco:

—A ver Pepito, ¿quién fue Bruto?

—Un caballo...

—¿Por qué dices esa barbaridad?

—Porque todos los que hablan sobre un caballo dicen: "El Noble Bruto"...

Cobo "El Trobo" al ver comer cacahuates salados a Nicho "El Chicho" le dice:

—¿No me das unos cuantos?

—Caray manis, eres como Pantoja: todo lo que ve se le antoja.

—Y tú eres como Juan Orozco, el que dice: "Cuando como no conozco".

Kazildo Kaztro de Kaztiyo y Kaztorena charla con Wvaldo Wrive Wrías:

—El chile de árbol es el más picoso que existe; se dice incluso que es "memorable" porque luego que se come se le sigue recordando...

—Pues no es cierto, el más picoso es el chile campana, o sea el habanero.

—¿Y por qué le dicen "Chile campana"?

—Porque hoy te pica, y mañana "te repica"...

La linda Cindy Katto dice a Eddy Fissio:

—¿Dónde aprendió mecánica "El Jaguaryú", tu nuevo mecánico?

—¿Por qué lo preguntas?

—Porque cuando le dije que mi máquina estaba muerta, fue a traerle una "corona"...

Masiosare dice a Miserere:

—Oye mano: cuando falleció Sisebuto no fuiste a su sepelio; luego expiró Casildo y tampoco fuiste a su inhumación y luego que murió Ciriaco, tampoco volviste a ir, ¿qué pasa contigo?

—La mera verdad, ¡odio los entierros! Asistiré al mío por pura necesidad...

Un tipo va a ver a un gastroenterólogo, quien pregunta a su paciente:

—¿Cómo se llama usted?

—Pío Cuervo Cordero Gatica y Borrego.

—Caray amigo, lo que usted necesita es un veterinario zootecnista...

Don Pedro Berreteaga Bobadilla, de Jérez, llega bien servido a su casa, entra a la recámara, abre las cortinas para que entre el sol, y le dice su indignada esposa:

—¡Córreme inmediatamente esas cortinas!

—¡Corrrtinasss! ¡hic! Se me larrrgan, ¡pero ya!

Perete el Peterete pregunta en la ópera a un naco que presume de culto:

—¿Qué tal es ese bajo profundo?

—Pues nada, que es tan bajo pero tan bajo, que es más bien un depravado...

Al ver Lizardo Lizandro Lizalde a Sirenia Pita y Pita portando ella un minúsculo bikini, le comenta un detalle que advirtió:

—Oye mi amor, ¿por qué tienes el ombligo tan caído?

—Es que ¿sabes? en la escuela yo era la abanderada...

Helio Elías Elizarrarás dice a su criada Petra Petrona:

—¿Trajiste el vino rosado?

—Sí patroncito, pero no se priocupe, ya le puse su talquito...

Verdi Verdúa Verdiguel dice a su criada Sisebuta Canuta:

—¿Lavaste muy bien el pescado muchacha?

—¿Y eso pa' qué? Se la pasó toda su vida en el agua...

El maistro Pelías en la agencia de empleos dice al encargado:

—Quiero una sirvienta que nunca me conteste...

—Tenemos lo que usted busca; ésta trabajaba de telefonista en el 04.

El señor Octavio Ochoa Ochoterena, que fue de visita a la casa de Pepito, al ver que no hay "acción" pregunta al pequeño:

—Oye niño, ¿y aquí a qué horas se come?

—Pues me dijo mi mamá que hasta que usted se vaya...

La guapa señora Vadillo Verdejo dice al psiquiatra

—¿Así que su esposo se siente caballo?

—Sí, pero, acá entre nos, no me urge mucho, al fin que ya van tres carreras que gana en el hipódromo...

La chica moderna dice a su mamá:

—Oye mami, quiero que las invitaciones para mi boda sean de hojas grandes para que quepa bien el texto...

—¿Y por qué tan grande?

—Para participar para el mismo día, la boda y el nacimiento del niño que espero...

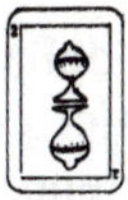

La guapa mujer dice al psiquiatra:

—Doctor, desde hace tres años hago el amor con mi marido del lado derecho de la cama, pero ya me aburrí...

—¿Por qué no se pone del lado izquierdo, o a los pies de la cama, o se pone debajo de su marido, o encima de él?

—Es inútil doctor, de ninguna otra forma puedo ver bien la televisión...

—¿Cuál es el árbol más orate?

—El ocote.

—¿Cuál es el insecticida más enajenante?

—El Oko.

—¿Hacia qué dirección se construyen los manicomios?

—Hacia el Ocaso...

—A ver señor, sálgase del auto y hágame un cuatro...

—Cómo no, oficial ¡hic! ¿me presssta un gisss?

—Gis es como usted viene...

Agente de tránsito a borrachito al volante:

—¿Y el alto?

—¡Ah! ¿Mi compadrrre? ¡hic! no pudo venir hoy, oficial...

Agente de tránsito a automovilista que viene de ver al dentista:

—Le voy a tener que quitar "la placa"...

—¿Qué? ¿Y luego con qué como?

Policía de tránsito a productor de cine que acaba de pasarse un alto:

—¿Y los papeles?

—Ya están todos repartidos, si quiere le doy un papelito de extra...

Otro agente a otro borrachito que se pasa un alto:

—¿Qué no conoce este aparato? Se llama semáforo...

—Ah puesss, ¡hic! Mucho gusssto, señor Semáforo...

Otro agente más a otro borrachito más, que se pasa otro alto:

—Su tarjeta por favor...

—¿Sabe oficial? ¡hip! ya essstoy vacunado...

Cupertino Grifaldo Garza dice a su norteño papá Camerino Servelio Garza y Garza de la Garcera:

—Oye apá, ¿qué el elevador es "cirujano"?

—¡Ah qué m'ijo tan pasmao! ¿Por qué dice eso, güerco?

—Porque dijo el casero: "El elevador seguirá operando..."

El ginecólogo, dice a un hombre:

—Oiga, si hace un mes que atendí de parto a su esposa, ¿no cree que es algo imposible? ¿Otro hijo en un mes? ¡Es cosa de locos!

—No doctor si como, en mi caso, tengo dos esposas...

Un político va ante los tarahumaras y comienza su perorata, ante lo que los lugareños comentan algo:

—Les pondré escuelas...

—Basachic, basachic...

—Les traeré el progreso...

—Basachic, basachic...

—Les pondré una fuente...

—Basachic, basachic...

Al rato dice a uno de sus acompañantes locales:

—¿Donde puedo hacer del baño?

—Ahí entre los árboles, pero no se vaya a embarrar los zapatos de basachic...

—¿Es cierto que una señora de setenta años haya podido tener gemelos en dos ocasiones?

—Sí, una vez los tuve hace cincuenta años y la segunda ocasión, hace cuarenta y cinco...

—¿Qué le dijo el Popo al Ixta?

—Le dijo: "¿No le molesta que esté echando humo?"

Los papás de una linda chica serán avisados de que piensa casarse con su galán, por lo que éste comenta a su Dulcinea:

—¿Tus papás te darán permiso?

—Pues mira, mi mamá no opinará nada hasta que sepa lo que dirá mi papá...

—¿Y eso por qué?

—Porque ella le lleva la contraria en todo lo que él dice...

El paciente Glafire Ciriaco dice al doctor que lo operará:

—¿Y en cuanto me saldrá la intervención?

—Usted no se preocupe, yo me las arreglaré con sus herederos...

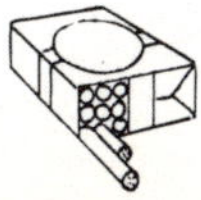

La sirvienta a punto de irse y la patrona suplicante:

—No te vayas Sotera, comprende que hasta yo hago el quehacer de la casa...

Esta edición se imprimió en Noviembre de 2012 Acabados Editoriales Tauro. Margarita No. 84 Col. Los Ángeles Iztapalapa México, D.F.